阅读成就思想……

Read to Achieve

商业新思维

重构开放式商业认知

[英] 大卫·库什曼（David Cushman）
杰米·伯克（Jamie Burke） ◎著

丁蔚　脱文剑　宁固◎译　陈艳◎审译

THE 10 PRINCIPLES OF OPEN BUSINESS

BUILDING SUCCESS IN
TODAY'S OPEN ECONOMY

中国人民大学出版社

图书在版编目（CIP）数据

商业新思维：重构开放式商业认知 /（英）大卫·库什曼（David Cushman），（英）杰米·伯克（Jamie Burke）著；丁蔚，脱文剑，宁固译. -- 北京：中国人民大学出版社，2020.10
书名原文：The 10 Principles of Open Business: Building Success in Today's Open Economy
ISBN 978-7-300-25403-6

Ⅰ. ①商… Ⅱ. ①大… ②杰… ③丁… ④脱… ⑤宁… Ⅲ. ①商业模式－研究 Ⅳ. ①F71

中国版本图书馆CIP数据核字（2018）第006319号

商业新思维：重构开放式商业认知
［英］大卫·库什曼　　著
　　　杰米·伯克
丁　蔚　脱文剑　宁　固　译
陈　艳　审译
Shangye Xinsiwei: Chonggou Kaifangshi Shangye Renzhi

出版发行	中国人民大学出版社			
社　　址	北京中关村大街31号		邮政编码	100080
电　　话	010-62511242（总编室）		010-62511770（质管部）	
	010-82501766（邮购部）		010-62514148（门市部）	
	010-62515195（发行公司）		010-62515275（盗版举报）	
网　　址	http://www.crup.com.cn			
经　　销	新华书店			
印　　刷	天津中印联印务有限公司			
规　　格	170mm×230mm　16开本		版　次	2020年10月第1版
印　　张	14.25　插页1		印　次	2020年10月第1次印刷
字　　数	140 000		定　价	65.00元

版权所有　　侵权必究　　印装差错　　负责调换

这本书出版恰逢其时。毋庸置疑，整个世界都处在转型之中。技术、客户和经济正在主导着这次转型，而转型的核心是客户对于透明、信任和协作的需求。技术之间的互联性和权力向客户的转移正在创建新的企业和商业模式。

这些需求将会源源不断，而这取决于企业对于这些变化的反应是抵制还是接受，是控制还是协作。我认为从未比现在更需要坚持开放式商业思维和全面合作了。说到"全面"，我的意思是企业可能会在其他行业中找到新的合作伙伴，在与客户的协作中创建新的服务，同时以创新为目的分享企业资源。

开放式网络更加强调协作、创新和更强的生产力。大卫的这本书提出了一个重要的行动计划，这是一个任何企业想要进行令人兴奋的变革都应当考虑的计划。通过拥抱开放式商业，我们可以创建一个世界真正需要的、可持续发展的模式。

显然，这种颠覆式创新将会带来企业发展的新模式。尽管这很令人激动，但也对过去几十年的商业惯例提出了挑战。本书就是对未来的商业模式的一种呼吁；这种商业模式可以帮助企业和客户建立有效的合作，以获得更高的忠诚度。我们中的很多人已经行进在这条通向未来的道路上。我鼓励你阅读本书，并付诸行动。

马特·阿特金森（Matt Atkinson）

乐购公司（Tesco）首席营销官

如果你从今天开始建立一家新公司，你会按照传统方式来重构你的业务吗？

在认识到新技术已经颠覆了传统业务流程（从营销到客户服务、从融资到创新）之后，你还会选择重构吗？

如果你不太清楚该如何回答这个问题，从"意外的经济学家"（accidental economist）转型为"意外的技术专家"（accidental technologist）的 JP. 兰加斯瓦米（JP Rangaswami）会为你提供一个直截了当的答案："在互联网时代创建一家工业时代的公司是多么地苍白无力、盲目且愚蠢。"

好是好，但该如何做呢

本书后续章节中列出的 10 项严肃的、具有挑战性的广泛适用的开放式商业思维原则，是指导你如何重塑你的组织以适应 21 世纪的需求的实用性指南。

这种组织设计针对的是如今我们身处的这个真实的世界，而不是过去的世界。

这些原则基于当今经济现状的第一手实践经验，这种经验要求组织与其利益相关者之间建立更紧密、更开放、更有意义的联系。

基于这 10 项开放式商业思维原则，我们将讨论企业和其他机构如何适应变化，以谋求生存和发展。我们提供了一种简单实用的方法来评估你的组织，并为相关人员提供了实用的专业知识。另外，我们还采访了那些一路领先的企业，并提供案例研究，以帮助你迈出建立开放式商业模式的第一步。

你将会注意到，巨大的变化正在彻底改变我们的世界。网络既改变了组织的业务模式，也改变了业务的组织模式。

你还会注意到传统媒体已经不同于往日。皮尤研究中心（Pew）在2010年底进行的一项调查发现，获取在线新闻的人数首次超过了报纸订阅量。在英国，每天早上Twitter的浏览量，已经超过了全国所有日报的总发行量。与传统广播电视公司所能产生的内容相比，YouTube吸引了更多的人观看，而且观看时间更长。

你可能更多地看到那些看似牢不可摧的巨头不断分崩离析和陨落，却没有注意到还有大量的新兴公司成功崛起。柯达公司的消亡与Instagram以10亿美元的价格被Facebook收购发生在2012年4月的同一周，这真是一个具有讽刺意味的例证。

你还发现公众对政治家、警察、银行和品牌的信任度已经下降。而如果没有信任，任何组织都没有可持续发展的未来。

这10项开放式商业思维原则将让我们看到我们周围所发生的划时代转变，并提供了一种不再仅就问题来解决问题的方法。太多组织零散的反应性策略已经导致了诸如企业组织的竖井结构造成学习能力丧失等问题的发生，从而使许多企业陷入一种永久性的恐慌中，并时刻处于一种追赶状态。

这10项开放式商业思维为组织提供了一个全面的战略解决方案，并前瞻性地提供了基于简单社交技术的列表检查工具，以帮助组织为面向前所未有的未来做好准备。

为什么重要，为什么是现在

21世纪的许多伟大企业的成功故事都建立在开放式商业思维的原则之上，其中谷歌、苹果和亚马逊最为出名。而许多众所周知的失败案例都是因为没有按计划遵循这些原则。

根据 2012 年 5 月 IBM 公司的 CEO 调查表明，在表现优秀的公司中有 30% 的公司将"开放性"视为其成功的关键因素，特别是协作和创新所带来的收益引人瞩目。麦肯锡公司指出，遵循开放式商业思维原则的公司有 50% 的概率超越竞争对手，并实现可持续的利润。

不愿响应的企业将面临被颠覆的风险和更激烈的竞争

今天创建的企业都应当建立在这 10 项开放式商业思维原则之上，是因为对于在互联网世界中成长的一代来说，这些原则都是不言而喻的。他们知道，这是在当今世界生存并发挥优势最有效的方式。与那些由于历史和其他原因不能采用这些原则的组织相比，它们更具有显著的竞争优势。

正如英国副首相尼克·克莱格（Nick Clegg）2013 年在伦敦举行的 G8 峰会上所说的，如果公开是新常态，那么颠覆也是如此。

来自实践的理论

我们和那些遵循开放式商业思维原则的业务合作伙伴都是在实践中不断学习。

长期以来，我们在媒体、广告、公关、社交媒体和商业方面积累的丰富经验，让我们有理由相信，开放式商业是进入更加紧密联系和协作世界最有效的未来计划。

我们认识到，比成为 Facebook 点赞者和 Twitter 追随者更重要的是，我们每个人都可以成为出版商、营销者和参与者（以及将来的合作者），并且我们所做的事情对每个人都是有意义的。这就是我们创立 90∶10 集团的原因。90∶10 集团是一家旨在激励开放式商业的咨询公司。在短短三年多的时间里，我们在八个国家拥有50多名员工，收入达到350万英镑。在自第二次世界大战以来最艰难的经济环境中，我们一直在致力于开发市场、产品和技术。

在这短短的三年中，我们已经拥有许多不同行业中勇敢和明智的客户，包括本田欧洲公司（Honda Europe）、第一资本（First Capital Connect）、保柏集团（Bupa）、嘉信力旅运公司（Carlson Wagonlit）、美国思杰公司（Citrix）、英国乐购公司（Tesco）、万事达欧洲公司（MasterCard Europe）、英国旅游局（Visit Britain）、英国《卫报》（*The Guardian*）、微软广告公司（Microsoft Advertising）、英国伦敦城市行业协会（City & Guilds）、法国电视台（France Televisions）以及英国老人慈善机构 AgeUK 等组织。我们扩展了边界，挑战了正统观念，并不断地改进方法。

在旅程结束时，我们达成了开放式商业思维的10项原则的共识。

开放式商业模式及其优势

开放式商业模式是指利用可用资源来发现拥有共同目标的人，并将这些人聚集在一起，联合起来实现该目标的商业模式。它倡导扩大参与规模，并将客户视为合作伙伴。

开放式企业将自己视为实现共同目标的平台——激励和驱动组织内部的人，同时吸引和培养外部的大量支持者。通过这样做，开放式企业可以获得大量资源，而封闭式企业却为获取这些资源设置了障碍。

它们是以目的为导向的、具有平台思维的组织。通过汇集更多的人来表达他们的关注点，并与其合作以支持其解决重要的事情，以便创造出更能满足他们真正需求的产品和服务。

你可能听说过"社交商业"（social business）一词。许多技术供应商都将其视为在组织内应用社交技术。而有的人认为它不仅如此，而且应该真正具有变革性。

社交商业本身没有问题，而且有很多优点，但是我们发现它几乎不能激励商业领袖。企业CEO们几乎对将其企业社会化不感兴趣。这个词带来了无益的"左倾"心理桎梏。但是，有哪位CEO不希望将客户置于他们工作的核心并推动更多的创新呢？

向客户、利益相关者和他们的同行开放其思想、创造力、激情和时间，为其提供更多的、明显只能由高级团队拥有的，而不是IT部门拥有的东西。

那么，社交商业和开放式商业有什么区别呢？这二者之间的三个差异，对改革企业的业务方式至关重要。它们分别是：工具与行为；信息与产品；客户与合作伙伴。

1. **社交商业侧重工具，开放式商业侧重行为。** 通常，社交商业侧重于实施软件，开放式商业则敦促你首先考虑行为：人们在做什么，他们能做什么，将做什么？而如果仅仅从工具角度考虑，那么你可能一开始就错了。

2. **社交商业更多的是关于信息的，开放式商业更多的是关于生产的。** 开放式商业敦促你考虑所服务的对象，尽可能满足他们的实际需要、效率需求以及他们关心的结果；而信息是这个过程的结果，而非目的。如果讨论"社交"，所有的路径将引导你回到信息。

3. **社交商业以客户为中心，开放式商业使客户成为合作伙伴。** 不要再想客户了。客户是你希望服务的人，而开放式商业则促使你将长期服务的客户视为合作伙伴，并推动他们深度参与生产过程——在组织的支持下从一开始就介入，提供各方都需要的产品，这也是所有合作伙伴都想要得到的。

可见，要成为一家开放式企业并不容易。

现有企业的新竞争者以及尚未出现的竞争对手会发现以这10项原则为起点，更容易扩大规模，做出反应并满足客户需求。

现有企业的领导者如果遵循这 10 项原则，就有机会重构组织以新的竞争优势击败新的竞争者。

本书将在后续章节深入讨论开放式商业思维的这 10 项原则。

1. **拥有共同的目的**。目的就是为什么，就是所有利益相关者共有的、并与你的组织行为都与之保持一致的信念。产品或服务就是这个共同目的的最好证明。
2. **开放资本**。使用众筹平台或众筹原则通过小额投资者筹集资金。
3. **网络化组织**。该组织被当作将内部网络链接到外部的平台，以实现共同目的。
4. **共享性**。将知识以更简单和开放的模式来实现内、外部共享。
5. **联通性**。通过开放的社交媒体将员工与员工之间，以及员工和外部之间联系起来。
6. **开放式创新**。与合作伙伴共同创新，在产品、服务和市场的开发过程中共享风险和回报。
7. **开放数据**。把数据提供给组织内部或外部的人，让他们能够自由、充分地利用。
8. **透明度**。公开分享决策及其所依据的标准。
9. **成员至上 / 客户至上**。组织围绕员工、客户和合作伙伴的共同合作而开展业务，以实现彼此的社会、经济和文化利益。
10. **信任**。共同保证对伙伴关系的品质、能力、实力或真实性的信赖。

在本书第 2 章至第 11 章的每一章中，我们都会定义和描述一项原则，并设置"目标状态 / 错误示范"专栏来描绘两种状态。我们还为你提供"第一步"专栏，以帮助你的组织实现在该原则下的目标状态。

总而言之，你的企业将通过打下坚实的基础而成为一家开放式企业，并获得以下竞争优势：

导论

- 更好的经营意识，有利于你所服务的社群吸引和留住合适的人才和客户；
- 更好的市场和客户知识；
- 更好地满足客户需求；
- 加速的和更成功的创新；
- 基于证据的决策；
- 新的融资通道；
- 更有效的知识管理；
- 改进内外部协作和创意生成；
- 通过合作伙伴网络降低（分散）经营风险；
- 通过企业民主化来提升客户和员工的"主人翁"意识；
- 提高信任度以及由此产生的客户和员工忠诚度和满意度。

现在，你就可以开始践行开放式商业模式。我们希望你能利用它为所有人创造价值。

无须等待……

The 10 Principles of
Open Business
Building Success
in Today's Open Economy

| 目 录 |

01 开放式商业模式的典范：乐购公司　/ 001

对于大型的传统企业而言，如何引入开放式商业模式？……目标是重建这项业务，致力于成为合作伙伴，而非捕食者。全球第二大零售商乐购公司如是说。

02 拥有共同的目的　/ 015

目的就是为什么。目的激励成长，启发和吸引员工、顾客和管理团队，简化决策，增强凝聚力并且减少营销支出。

03 开放资本　/ 035

开放资本基于众筹平台或众筹原理通过小额投资者筹集资金，通过分担成本和风险，共同拥有主人翁意识和激情。它为人们想要的东西提供资金。

04 网络化组织　/ 053

网络化组织在保证其核心竞争力的同时，授权和支持外部组织的双赢活动。这使得中小型企业有机会在全球范围内运营，各种规模的公司都可以降低其内部成本和风险。

05　共享性　/ 065

共享性将知识以更简单和开放的模式来实现内外部共享，也是企业组织框架中协作原则所在——扁平化组织结构，分配职责，并且帮助企业实现从管理和任务导向转型为战略和目标导向。

06　联通性　/ 081

联通性是一种程序和工具，它可以激励组织内部的人们尽快去寻找所需要的信息（和人）。这能够使组织的集体智慧得以实现，并紧密地结合共享性，实现共同协作。

07　开放式创新　/ 097

开放式创新是将客户和利益相关方整合到创新的过程中，以便在新的产品、服务和营销传播方面分担风险和回报。

08　开放数据　/ 123

开放数据可以帮助发现新的商业机会，分担研究和创新成本。就像网络带来的巨大影响一样，开放数据也将影响世界发展的趋势。

目录

09 透明度 / 153

透明度就是要公开分享决策及其所依据的标准,并因此能够坚持这些决策。

10 成员至上 / 客户至上 / 171

在所有原则中,最具方向性的是成员至上或客户至上,这意味着与客户和员工一起做事,而不是对他们做事,这意味着你努力把他们当作真正的合作伙伴。

11 信任 / 191

信任是相互的——相信关系中的另一方将你的最佳利益放在心上。信任不能通过广播传达,也不能闭门打造。信任的追求是组织优先级的变革。利润变成 KPI,而不再是目标。

后记 / 205

The 10 Principles of Open Business
Building Success in Today's Open Economy

01 | 开放式商业模式的典范：乐购公司

……目标是重建这项业务，成为合作伙伴，而非捕食者。

马特·阿特金森，乐购公司首席营销官

如果你认为开放式商业并不适合你，或者并不足以让你的企业成为一家优秀的企业，那就让我们一同来看一个开放式商业模式的典范——乐购公司。

乐购公司是一家传奇的英国企业，它是由杰克·科恩（Jack Cohen）于1919年创立的市场零售组织，从20世纪70年代的低端市场杂货店，发展为目前英国零售业巨头和世界第二大零售商（按利润排名）。

今天它几乎可以卖给你所需要的任何东西，从食物到衣服、家居用品，再到金融服务。它还拥有一家连锁餐厅。乐购公司目前已经开始涉足汽车行业，甚至你可以在那里购买你可能"不需要的"黄金。

其增长最快的时期是在20世纪90年代，乐购公司决定在产品和地理分布方面实现多元化。这对乐购公司而言，在某种程度上相当于重新定位——从高囤货、低售价的零售商转变为对所有社群具有吸引力的零售商，通过对价值/自有品牌/最佳品种的分类，重新定义了"好—更好—最佳"的概念。

在20世纪90年代中期，它只有500家门店，15年后已发展到了2500家。

但你的成功并不意味着你的客户就喜欢你。事实上，乐购公司的客户并不喜欢它。

这一事实无疑让乐购公司感到震惊，但认识这一点的确需要一定的时间。因为在利润不断增长的时候，乐购很难去思考自己可能做了错事。

01 开放式商业模式的典范：乐购公司

在现实世界中，每个人都知道乐购公司对供应商是多么冷酷，或多或少都听说过乐购超市对传统社区的负面影响。

反乐购联盟（Tescopoly）于2006年启动，旨在曝光和挑战乐购公司在英国和国际供应链中对小企业、社区和环境的负面影响。其成员包括地球之友（Friends of the Earth）和反贫穷组织（War on Want）。反乐购联盟的标语"积羽沉舟"（Every Little Hurts），讽刺性地借鉴了乐购公司的广告口号"积少成多"（Every Little Helps）。尽管该组织声称其目标是通过当地和国家立法以消除主要的英国超市的负面影响，但乐购公司却作为该运动最相关和最明确针对的超市而付出了惨重的代价。

2012年10月，乐购公司公布其近二十年来利润首次下滑。

马特·阿特金森于2011年底加入乐购公司的营销部门，担任首席数字官。

最近，乐购公司任命菲利普·克拉克（Phillip Clarke）为公司新的CEO，他非常推崇开放式商业思维的原则。正如马特所说："是时候建立一个绝佳的平台了。"

2012年初，当我在马特的办公室拜访他时，他已经清楚地了解了前方的道路。他说，乐购公司希望成为一家开放式企业。2013年1月，他接替在乐购公司工作了30年的资深人士蒂姆·梅森（Tim Mason，曾担任代理CEO）成为公司首席营销官。

马特惊讶地发现自己打开了一扇门——那里已有很多"开放"基因存在，并潜藏在乐购公司的商业DNA中。

客户的强硬态度和公众对其的负面印象所构成的威胁，已经证明了高层管理团队需要重新激活那些潜藏在其DNA内的"开放"基因，并以此为基础构建开放的未来。

开放式商业不是可以条分缕析的东西，有时候你希望它工作，它却无法工作。

"我们认为这是一种文化需要,"马特说道,"你必须认识到的第一件事就是,开放是一件好事。你必须让公司意识到如果选择封闭模式,就是尝试在封闭系统中建立价值,管理并试图控制一切;如果选择开放模式,就要理解开放的益处,意识到风险的存在,但总的来说益处远大于风险。"

从封闭到开放的旅程是一段充满哲学意味的旅程,组织文化的转变必须依赖于这种旅程。

那么开放式商业思维是如何成为像乐购这样以利润为导向的大型传统企业的指导原则的呢?

"老实说,这不是仅凭一次伟大的演讲就能得到的结果,而是需要通过充分的交流。"马特说,同时再加上一些外部的挑战,共同塑造了这个结果。

首先,乐购公司深刻认识到,必须在全球范围内面向未来开展工作,仔细研究当今的互联网世界,并预测遥远的未来。

"我们意识到,未来我们要更多地关注建立联系和开放,并利用我们的技能和规模效应来改变这个开放的世界。"马特说。

其次,乐购公司委托总部设在纽约和哥本哈根的声誉研究所(Reputation Institute)评估其组织和利益相关者的声誉,得出的基本结论就是乐购存在信任问题。

该研究所的建议是,如果乐购公司希望提高业绩,那就必须让人们理解为什么乐购公司这样做事以及为什么值得被信任。

再次,乐购需要拥有正确的领导力。"我们很幸运地拥有一位信奉开放的CEO——菲利普·克拉克,他接任了在2011年离职的特里·希尔爵士(Sir Terry Leahy)。"马特说。

最后，乐购公司是那种流淌着开放血液的组织。"这么说很有意思，但仔细想一想，乐购公司的优势是我们坚信我们始终在为每个人服务，坚信我们是一个民主品牌。"马特说。

"我们坚定地认为每个人都值得拥有美味、优质的食物，我们以我们能提供的最高标准为人们提供商品，并欢迎所有人参与监督。"他补充说，"我没有必要为企业提供人格移植——而且我认为这并不可行。许多信念已经存在，有的在沉睡，需要被唤醒，有的则需要更新。"

正是通过挖掘其核心信念，乐购公司找到了成为开放式企业的理由。正如本书前面所描述的开放式商业思维的 10 项原则中的第一项——建立共同的目的。

"这是一件有趣的事情。我们一直不太清楚这就是我们存在的原因。我们几乎忘了我们是英国覆盖面最广的企业。"马特解释道。

重新发现这一事实已成为开放式旅程的核心部分。例如，它解释了为什么乐购公司提出"好—更好—最佳"的概念。

"我们想要为每位客户提供优质服务，但凡有客户想要加入购物车的商品，我们都可以利用规模效应合理地满足客户所有的需求。"

其他人可能会复制这种模式，但是马特认为乐购公司有一种固有的信念，即它是一家开放的企业，欢迎每个人来推动创新。

这种文化是否会将乐购公司带入旅程的下一程——与客户共同创造产品、服务，甚至共同运营企业本身呢？

"我们通过建立一个名为乐购大家庭（Tesco's Family）的组织来加强合作，"马特说，"我们正在开发一个支持平台，可以与客户就产品和服务以及我们的工作在这个平台上进行开放的对话，我们在该领域还有更多的计划。"

同样，还有外部的意外事件加速了开放的步伐，如 2013 年的"马肉门"事件。在2013年初，英国消费者不止一次发现他们信赖的产品中出现非标识成分的肉类。据统计，共有1000多个品种，包括乐购公司制作的四种即食食品，被发现成分含有少量的马肉而不是外包装所描述的牛肉。这是对品牌信任的又一次破坏。当时许多社会观察者感兴趣的是各品牌如何回应。

冷冻食品企业芬德斯公司（Findus）把责任推给其供应商，结果因此声名狼藉。连基本测试都未通过：客户购买了你的产品，上面显示的是你的品牌，而不是供应商的——你有责任。

其他品牌纷纷当起了缩头乌龟，假装它们的产品没有被发现问题。实际上，欧洲市场中很少有大型零售商或平价餐饮服务商完全无辜。

欧洲的所有宜家餐厅取消了菜单中著名的瑞典肉丸，雀巢在西班牙、意大利和法国也撤回了某些产品。在英国，万客隆（Makro）、塔可钟（Taco Bell）、康帕斯集团（Compass）、华特布雷德（Whitbread）酒吧餐厅、莫里森连锁超市（Morrisons）、奥乐齐超市（Aldi）、Iceland、德国连锁超市利德（Lidl）、英国合作社（Co-op）和阿斯达（Asda）的产品中也都发现了马肉。

森宝利超市（Sainsbury's）实施了预防收回措施。维特罗斯超市（Waitrose）发现其售卖的冷冻肉丸里有猪肉时，就迅速将这一商品从货架上撤下来。

是的，乐购公司也受到了影响。但在所有面对这种状况的商家中，乐购公司是第一个公开做出回应的，也是回应得最得体的。

"'马肉门'对我们来说是一个转折点。在过去，我们永远不会像那样做出回应：我们走向街区，直接向我们的客户表示我们将采取行动，承担责任。这是一个标志性事件。没有人质疑是不是符合流程，或者应不应该这样做，我们甚至没有讨论过风险。一切看起来正确而自然。"马特说。

CEO菲利普·克拉克在YouTube发布视频告诉客户，他们的信任对乐购公司多么重要，并解释乐购公司将会采取什么行动来回应这件事。

01 开放式商业模式的典范：乐购公司

在这段三分钟的视频中，"信任"一词出现了九次，差不多每20秒一次。

行动包括承诺对供应链和生产过程进行全面监控和审查，希望能提供世界上最好的供应链。

为了实现对售卖食品的可追溯性和问责制的承诺，乐购公司还推出了一个开放式网站，不仅可以让每个客户监督流程，而且还可以督促乐购公司为实现这些承诺的进展负责。如果有客户担心乐购公司售卖食品的安全性，乐购公司可以免费提供更换。

乐购公司能够如此迅速、积极地回应，原因就在于它能够娴熟地运用开放式商业思维。没有必要再发布什么新的宣言，因为这本身就是乐购公司认为自己应该做的事情。

"这本身就是乐购公司商业宣传的一部分，是公司新的核心目标之一（在2012年底推出），与客户的对话促使我们开发了一套新的、开放式的领导力技能，"马特说道，"刚好'马肉门'事件提供了检验和展示这些的机会。"

"不，目标不是'成为一个开放式企业'，而是重构这家企业，我们是合作伙伴而非猎食者。"马特说。

开放式商业思维提供了实现该目标的框架。

"我们希望乐购公司在世界上是被期望和被需要的。"马特说。

有类似愿景的公司还有本田汽车制造商。它的目标就是成为一家"社会所期待的公司"。

只有拥有这种观点的公司才期望利用它们所在社区的技能、成就和想法。在当今这个资源有限的世界中，我们谁会不愿意与这样做的公司合作并帮助它们呢？

马特继续说道："我们应该利用我们的规模优势，为所服务的社区带来利益和福利。我们应该为客户做他们生活中重要的事。"

"因此，我们注定会获得信任。"

开放式商业思维使得乐购公司致力于成为一家改变世界、充满乐观精神的，并与客户和员工团结一致的企业。这种思维必须存在于企业的DNA中，企业必须对未来的目标有一个明确的认识，并且必须有一个值得信赖的领导者。不过，可能还需要一个危机。

"我们当务之急就是要问自己是如何变得如此不受欢迎，从而客户不再需要我们？为什么人们说不喜欢我们，说我们不做好事？是不是他们认为我们把利润放在他们的利益之上呢？从根本上说，为什么所有的这些问题都不能通过裁员来解决？"

马特认为，他们的思想、他们所面临的危机都不约而同地指向同一目标，那就是乐购公司需要变得更加开放。

"如果你采取封闭的商业模式，那么你不可能成为人们生活中受欢迎的那一部分，至少我们不相信你能做到。"他补充说。

《乐购公司2013年社会报告》概述了乐购公司当前的目标。其新的核心目标郑重表明："我们共同努力。"

乐购公司在其网站上发表了如下声明：

> 世界正在发生变化，我们必须随之改变。过去的情况是越多越好，现在是为了让事情变得更好……我们希望为我们的客户、同事和我们服务的社区带来积极和持续的变化……我们的价值观指导我们为了更好而改变，并且以更好的方式改变……我们的价值观是：

- ❖ 没有人比我们更投入地为客户服务；
- ❖ 我们以自己希望被对待的方式对待每个人；

01 开放式商业模式的典范：乐购公司

❖ 我们利用我们的规模优势做好事。

这不是噱头，也不仅仅停留在文字层面，这就是我们经营的基础。

目的驱动，开放。这家全球第二大零售商正在成为开放式企业，它们不是为了公关，不是为了出风头，也不是为了满足类似嬉皮士田园诗的愿望，而是因为它是 21 世纪正确的商业决策。

这并不是一个个例，本书后续章节中提供的其他案例将充分说明这一趋势的必然性。

"我认为这是一个压倒性的趋势。在零售业意味着更方便的购物和更多的本地化。如果问哪些商品的需求正在下降？那就是冷冻和即食食品。"

事实上，人们更希望采购本地的和新鲜的食物，这也是回归社区的一部分，网络在其中发挥了作用。网络揭示了我们的联通性，我们对链接的感受意味着我们能够并且应当拥有影响力。

"过去我们取得成功的原因，是我们的客户创新以及将该创新应用到供应链、服务模式和提供统一的服务中去，"马特说，"我们很清楚在未来 10 年，给我们带来成功的因素是智能化、去平均化、融合多渠道和个性化，这就要求我们能为客户提供更多元的商品，以便更好地服务于他们。"

这意味着未来的门店经理应该充分了解他们忠诚的客户群，并需要在社区中与他们合作。

"我希望门店经理在当地社区中能得到认可和重视。"马特说。

对于那些还记得超市最初在英国兴起的人来说，事情就是如此。事实上，直到 20 世纪 80 年代，当地门店的管理者与供应商、采购者以及他们所服务并根植的社区有着紧密的联系。

相对于规模化的集中采购和库存控制的效率，与客户建立更密切的关系所带来的足够的价值,对客户而言会更重要吗?

乐购公司将赌注压在了这一信念之上,即确信通过积极响应客户并了解相关性,更准确地满足客户的多样化需求,才是更好的企业运营方式。

"我认为数字化社交媒体可以让你在更大规模上实现这一目标,"马特补充道,"我记得15年前我在演讲中谈到未来营销将会是什么样时,我提到我相信未来的营销是自动化营销,而今这一预测已成为现实。"

无论是乐购会员的忠诚度、会员奖励计划、客户在社交媒体上如何谈论它和它的商品(例如乐购公司的Facebook主页有超过120万的点赞量),还是对开放社交媒体中对话的监控,乐购公司都已经具备出色地收集和使用客户数据的能力。

但是,对于数据的有效利用,可能会体现在对曾经存在的杂货店的本地属性和社区价值的恢复上。

"我们真正拥有的是一种以更有效的方式帮助客户的引擎。对此,客户是看不到的,但我们可以用它来预测并做出有效的回应。我们正处于能够以这种方式实现目标的关键时期,而这种方式可以再现20世纪80年代本地杂货店店主每天与社区客户一对一互动的情形,以及社区对于杂货店特殊的情感需求,这在必要时可以为客户提供解决方案。"马特说道,"如果你的核心目标是关注对客户至关重要的事情,以及如何通过你的工作使事情变得更好,那么你就会问自己如何利用技术、系统和流程来实现这一目标?"

今天的技术、数据和开放式沟通与乐购公司的规模优势相结合,意味着更高的效率。

如果作为开放式企业、一个平台,相信自己可以将那些具有共同目标的人聚集在一起来共同实现核心目标,那么是什么驱动乐购公司这样做的呢?

马特认为有两个驱动力:第一个是从平台到个人;第二个是从平台到个人再

到社区。

他说,第一个驱动力源自"没有人比我们更投入地为客户服务"的想法。

"唯一的问题是我们以前并没有这么做,"马特承认道,"我们现在开始努力聚焦于如何重新做到这一点以及我们想要为谁做这件事情上。这是向客户展示我们的忠诚——如果客户感觉到这一点,那么他们也会给予我们忠诚度。"

第二个驱动力源自引入一个新的价值,即"利用我们的规模优势做好事",让我们成为所服务社区的受欢迎的成员。

做好事意味着以关注未来为核心,这帮助乐购公司发现了一系列问题,而它们可以利用其规模优势来解决这些问题。

做好事不仅仅是一家企业的社会责任,还有助于企业更好地运营。通过解决每一个问题,乐购公司为客户省了钱,也在维持客户关系方面起到了积极的作用。

"你不需要花很长时间就能完成我认为非常重要的三件事,而且我认为任何客户都会感谢我们这样做。"马特说,"第一件事是为社区中的年轻人提供就业机会。对此,我们真的想为此做点什么。这的确是一个大问题。第二件事是激励人们养成健康的生活习惯。我们真的有机会帮助人们改变他们的饮食和生活方式。第三件事是减少浪费。这一点是基于我们对未来人口增长和气候变化带来的挑战的展望。虽然有人认为这有些疯狂,但我们生活的世界,确实有一半的人在过度浪费食物,而另一半人正在挨饿。"

马特认为,乐购公司可以帮助重建社区,在社区中为年轻人提供更多有吸引力的工作机会,进而让社区的人们快乐健康地生活,不浪费且富有成就感。

"对我而言,这听起来是一个非常好的社区。我们相信,一个为年轻人提供良好机会的健康幸福社区正是我们开展业务的好地方。"他说。

有明确的目标,并得到其他人的认同,同时大家可以聚集在一起互相帮助,最终实现目标。这是任何开放式企业的关键要素。

获得支持,共同的目的带来的合作意识可以推进开放式企业进一步的发展。目前,相对而言,乐购公司对客户需求的了解,在技术和流程方面还是被动的接受者。

乐购是否已经准备好迎接这种积极的关系,接受客户可以在业务中帮助自己做决策并开始拥有主人翁意识,或是领导的权力?

"当然,我们已经做好准备,我们正在创建合作平台。你必须在平台上公布你的兴趣点,然后让人们参与,并和你一起完成这些任务。目前我们还没有做到,我们尚未完全公布我们所有的兴趣点。"

直到本书即将出版时,这些都还在进行之中。乐购公司将宣布其目的,并表示愿意投入资金、资源和专有技术来支持这些目的的实现。

如果你的目标和抱负与乐购公司的相吻合,即为年轻人实现梦想提供机会,那么马特希望乐购公司可以成为你行动的平台选择之一。

"我们认为人们会这样做。在今天的互联网世界里,你建立一个网页,在上面发布你感兴趣的内容,很快,人们可能会找到你并加入进来,"马特说,"我们希望以开放的方式实现这些目标。我们所做的只是提供资金、资源和相关知识。"

马特总结了从旧的方式到新的方式(即从封闭到开放)的区别:"以前面对问题时,我们往往想到的是我们如何独自解决,现在我们想的是我们该如何与他人合作呢?"

乐购公司将如何衡量成功?我们正在进入一个完全不同的新时代,有着新的衡量标准,但也有一些核心的标准是不会变的。

"我们正在做的一些工作基本上都取决于我们被信任的程度。高价值的品牌资产有利于我们推动业绩的发展，低价值的品牌资产则是对业绩的拖累。"他说。

一旦了解了品牌资产的驱动因素，你很快就会掌握衡量标准。对大部分人来说，信任是一个关键部分。

"你无法在封闭的状态建立信任，"马特重申，"我们凭经验知道，一个开放的系统能够创造价值。这就是计划，这就是目的，这就是战略。我们是否痴迷于盈亏平衡效应？不是。"

"但我认为，我们还需要在某些方面继续努力研究，例如，我们应该在'利用我们的规模优势做好事'上投入多少资金，"马特继续说，"并不是说我们不想投入资金，而是说毕竟我们是个商业组织。作为投资策略和业务计划的一部分，我们已经做出了决定——就像投资计算机或门店建设一样——以实现'利用我们的规模优势做好事'，因为这是销售方式的一部分。这就是在做正确的事。"

它不仅具有商业意义，而且具有极大的动力。这就是人们去上班的原因。

乐购公司正在通过潜在的规模优势转型，以期在客户及其社区的生活中发挥新的作用。但这并不容易实现。

那实现这一目标的基本要素是什么？

马特说："明确你的核心目的。除此之外，你必须有一个活跃的平台，而且围绕着这个核心目的，人们会在平台上踊跃参与。我认为你必须有一个非常好的商业宣传方式，让每个人都能理解你想要传递的内容。不能把它当作一个外围活动，而是要当作实现核心目的的新方式。"

"这必须形成企业核心业务的良性循环，而不仅仅停留在企业业务的沟通层面，它必须是品牌资产固有的一部分。"

开放式商业思维是今天正在使用的未来框架。

The 10 Principles of Open Business
Building Success in Today's Open Economy

02 | 拥有共同的目的

定义

目的就是为什么，就是所有利益相关者共有的、并与你的组织行为保持一致的信念。你的产品或服务就是这个共同目的最好的证明。

正如你可能会按照开放式商业模式定义所期望的那样，利用可用资源去发现拥有共同目的的人，并将这些人聚集在一起，联合他们一起来创建实现共同目的的商业模式。目的就是至关重要的使命。

大多数企业擅长"做什么"和"如何去做"。倘若问它们为什么这样做，情况会变得复杂。你的企业在这方面做得又如何呢？请参考本章末尾的"目标状态/错误示范"专栏。

很多企业被问及其目的时，它们往往会陈述企业使命。不幸的是，大多数情况下，企业使命回避了更深层次的思考，那就是为什么。

很多企业的使命和期望达到的成果是相互关联的，比如"成为我们领域的第一名，为股东带来最大的价值"或者"成为业内最令人敬佩的企业"。

但是，为什么？

"为什么"非常重要。它是汇集、激励和鼓舞人们支持你的事业的原因。在互联网时代，企业扮演的一个重要角色就是成为帮助他人实现共同目的的平台。这也是你的企业的成功之路。

原因不能仅仅是老生常谈，应该是一些真正重要的事情，比如你想要改变世界某一领域的运转方式，一些你和他人都很重视的、你坚信不疑的事情。

02 拥有共同的目的

如果大家对你不信任，又怎会花费时间来帮助你改进你的产品、服务或者业务呢？他们可以关注、了解、学习并花费时间和金钱的品牌数不胜数。

正如马克·厄尔斯（Mark Earls，随后我们会引用更多厄尔斯的名言）在他的著作《群体》（Herd）里所说："找到你的目的并付诸行动。"

你的目的应该每天能唤醒你起床，应该能鼓舞员工和合作伙伴加入你的团队，应该能吸引其他人支持你的旅程，因为这也正是他们的必经之路。

找到你的信念，坚信你的信念，并且通过你做的每件事情来表明你的信念。你会发现，正如艺术家兼市场营销专家休·麦克劳德（Hugh MacLeod）所描述的那样："拥有信念的市场是无限的。"

每一家践行目的的公司都不应该花费精力来告诉人们它的信念是什么。客户不会通过这家公司的言论，而会通过它的行为来自行领会这家公司的信念。

谷歌就是一个典型的例子。谷歌目前资产940亿美元，年收入超过50亿美元（2012年数据），它所践行的目的与其1998年成立之初的目的一致："整合全球信息，供大众使用，使人人受益。"

谷歌的目的告诉我们，它们做什么，它们不做什么，它们获取数据的途径公开透明（人人受益）。谷歌的目的指导了它们的收购策略（是否能够帮助它们实现目的），也成了想要支持谷歌或者为谷歌工作的人的推动力。

谷歌的目的是由一系列原则组成的，也是谷歌员工的行为指南。随着其业务以一种分散但层级清晰的模式迅速发展，这些原则体现了其必要性，也构建了谷歌文化。

这些原则中最出名的就是"不作恶"（更精准的理解是不做坏事也能挣钱）。"没有西装革履也可以很正式""以用户为中心，其他一切水到渠成""心无旁骛，精益求精""信息需求，没有国界"等原则也十分有名。

谷歌相信开放式商业思维的原则，正因为如此，它在官方网站上发表了自己的 10 大原则，并呼吁全世界来监督它。

询问任何一个谷歌人，他们都深谙公司的目的。

雅虎在这个方面就是反面教材。雅虎曾经是谷歌最大的竞争对手，现在这个昔日的竞争对手只能隐约闪现其苍白无力的辉煌。

亚当·拉辛斯基（Adam Lashinsky）在 2007 年 2 月的《财富》（Fortune）杂志上发表的文章提到了在 2006 年夏天，担任雅虎 CEO 五年之久的特里·塞梅尔（Terry Semel）在接受访问被问及公司目的时的情形：

> 在弥漫着尴尬的漫长停顿后，塞梅尔回复："我们没有座右铭。不过，雅虎的使命是为我们的消费者实现巨大的价值。从根本上说，就是重视消费者。"

在这之前，雅虎公布过自己的使命，即（很少有人能清晰记住）：

> 成为消费者和企业至关重要的全球互联网服务商。

难怪大家记不住。你的行为必须和你的目的一致，而雅虎的目的仅限于纸面上。即便是 2006 年，大家都知道，对于消费者或者企业，雅虎也远远算不上至关重要。那么谁能问鼎至关重要的宝座，非雅虎的劲敌谷歌莫属了。

1995 年成立的雅虎，被快速增长的、目的驱动型的谷歌超越了。

雅虎最开始的目的并非成为消费者和企业至关重要的全球互联网服务商，而是更简单、更接近谷歌的目的——"随时掌握个人兴趣的互联网工具"。

这也与雅虎 2007 年宣布的使命"联结人与激情、人与社会、人与世界知识"的核心精神十分接近。

雅虎的不同之处在于它将人们与其兴趣联结起来。这是以人为核心的哲学。如果雅虎一直在践行这一点，那么在 Facebook 和 Twitter 刚兴起的时候，雅虎有

02 拥有共同的目的

望成为最早的收购方之一。

然而,现实情况是,谷歌的目的坚如磐石,而雅虎的目的随波逐流。2013年,雅虎官方网站上公布的最新目的是:"雅虎!致力于让世界的日常习惯变得鼓舞人心且愉悦人心。"

现在它们该做什么,不该做什么?

目的太重要了——远比很多高层管理团队意识到的重要(如塞梅尔)。如果你不知道你的目的地,你怎么能找到通往目的地的道路呢?

2012年,雅虎的营业收入不足谷歌的10%,雅虎的资产约为谷歌的15%。相差10倍的营业收入啊!由此可见,目的的重要性。

* * *

马克·厄尔斯与一些全球知名的大品牌和企业合作过,帮助它们通过目的找到并实现自身的变革和价值。他是奥美广告公司(Ogilvy & Mather)欧洲、中东和非洲地区的前首席规划总监和全球规划委员会主席,以及上文提到的《群体》的作者,并与亚历克斯·本特利(Alex Bentley)、迈克·奥布莱恩(Mike O'Brien)两位教授合著了《窃言盗行:模仿的科学与艺术》(*I'll Have What She's Having-Mapping Social Behavior*)一书。

在20世纪末,马克·厄尔斯与"一群同样疯狂的人"共同经营一家位于伦敦的创意公司——圣卢克斯(St Luke's)公司。他在这家公司开始形成了目的的思想理念:"我对我们都很佩服的很多公司进行了深度思考。它们似乎都不像商学院或者市场营销行为准则里千篇一律的机械式模型。我莫名地对它们产生了兴趣。"

宜家公司和维珍集团(Virgin)就这样吸引了他的注意力。

马克说道:"让我印象深刻的是,公司与公司之间的不同之处在于它们的信仰。"比如，宜家创始人就制定了一系列原则，其精华就体现在它们的愿景里："为大多数人创造一个更美好的日常生活。"

这让宜家与其他家具公司就区分开来了。

很多企业都没有信仰。相反，正如马克所言，它们"赞同"企业价值宣言，赞同使命／愿景／目标，它们也赞同品牌的重要性和对客户的关怀。而你一眼就可以分辨出这样的企业。它们以虚有其表的方式，通过老套的企业宣传片或者通过不带任何情绪宣读出来的企业使命来诠释它们的"赞同"。

"它们对参与其中的人们没有感情。"马克继续提道。他和很多物流运输企业共事后，发现它们就是这样的行事风格。它们私下抱怨如果没有客户，生活将会多么简单。是客户破坏并阻碍了它们的发展，让一切变得混乱。而真正的情况是，客户对他们别提有多讨厌了。

马克说，历史悠久的英国铁路公司（British Railways）认为"如果不是因为那些可恶的乘客"，它一定可以运营一个更成功的铁路网络。

"20世纪90年代和21世纪初，很多企业高层似乎真的不太喜欢客户，也不愿意亲近他们。这可能是因为他们不愿意接触普通人混乱的生活。"马克说道。

一位沮丧的英国铁路员工曾经在Twitter上毫不保留地发表了上文的言论。他的Twitter账户昵称是"乘客厌恶者"。

马克辩护说，真正的客户和他们的真实行为很难用数据来表达。企业经营的文化总是一个机械化的流程，与客户的真正生活总是不那么匹配。

"在《群体》这本书里，我提到管理科学与19世纪末对机械的狂热密不可分，人类的观点就像机器，但是更懒惰、更不精准，并且效率更低下、更不可靠……就是少了一点机械味儿。"马克说道。

即便是现在，倾听客户心声的观点也很罕见。马克继续说道："我们并没有真正地去倾听，只是制定了华而不实的、机械式的系统去倾听。这也是为什么市场调研行业如此兴旺繁荣的原因之一，它是推脱化解企业和客户之间矛盾的托词。"

市场调研将客户的想法中的愤怒情绪过滤掉，只是以更简单、安全的方式传达到企业高层。

客户很容易情绪暴躁。企业高层并不愿意知道这些。马克说，我们"喜欢"的企业，或者那些引起轰动的企业，都更人性化。它们在某种程度上不只关心自己的经济利益。

马克回忆，缺乏崇高使命感和人性联结的第二个商业指标是关键绩效指标（KPI）。

曾经有这么一个故事，财富500强榜上的CEO在20世纪90年代初奇迹般地聚在一起讨论，之后得出结论："要做到股东、利益相关方和员工、社会等利益的平衡……实在太难了！所以……我们别这样做了。我们只关注股东利益就可以了。"

不论这个故事真实与否，事实上，职业经理人和员工都变成了股东的工具——驱使他们越来越短视，短视到只关注是否达到下一个季度的目标。

与之相对的目标驱动型企业体现了其优越性。

吉姆·柯林斯（Jim Collins）和杰里·波拉斯（Jerry Porras）在他们合著的《基业长青》（*Built To Last*）一书中提到了哈佛商学院一个历时六年的研究，其主要研究对象是18家业绩出色、经营长久的公司和它们的同类竞争对手。

"研究的主要观察结果是，当一家公司的经营围绕一个目的而不仅仅是经济效益，尤其是有着崇高使命的时候，其经营总是比围绕着经济效益的公司表现得更优秀，而且在研究主体中所占的比例基本上是7∶1。"

从中长期来看，它们也总是为股东们带来高于平均水平的收益。

目的不会仅仅停留在董事会会议室内，它还体现在客户的体验中。而传递这种体验的就是行为。

马克认为："这种联系是在过去五六年里刚被提上公司的重大议程上。"

他坚信，从保罗·菲尔德里克（Paul Feldwick）和罗伯特·希斯（Robert Heath）的《50年电视广告的错误模式》（*50 Years Using the Wrong Model of TV Advertising*），到莱斯·比奈（Les Binet）和彼德·费尔德（Peter Field）的 IPA 作品以及来自关注行为的布伦吉思（BrainJuicer）市场调研公司的约翰·凯隆（John Kearon）和奥兰多·伍德（Orlando Wood）的作品，我们都可以清晰地判断，电视广告不只是传递信息。

这确实也符合我们的理性预期。这些信息的影响范围和理性回应就是 KPI 关注的地方。"我们关注的是信息给你的感觉，而不是它传递给你的内容。关键是你的情绪反应，而不是你的理智（理性）反应。"马克评论道。

古典经济学认为我们在每一个交易中大脑都会进行实用价值和经济价值计算的信息处理。马克用通俗易懂的语言摒除了这个观点。简而言之，他的观点就是美国著名经济学家米尔顿·弗里德曼（Milton Friedman）对人类——这一前所未有过的物种的描述："我们的每个选择旨在利益最大化，成本最小化。"

因此，沟通并不仅仅是信息的传递。以目的为导向，更关注情绪价值而非简单的理性价值，可以让我们在这个十分重要的情感层面与客户进行更有效的交流。"当我们从更深远的意义，超越广告和营销的层面，来看待行为的改变，可以清晰地发现，直接告诉人们该做正确的或者有益于健康的事情，甚至给他们提供最全面的信息，并不一定有用。"马克提道。他认为交流不仅仅是传递信息，更是表明一种态度，或者就像是语言人类学家所说的"交际"——交际的功能就是完成社交任务。

02　拥有共同的目的

常见的例子就是当我们说"不客气"的时候并不是想要表达字面意义上的别客气，而是将它作为收到感谢时的社交意义的回应。

"换言之，我们的行为让他人产生回应。这可以解释为什么目的和与其匹配的行为对企业而言十分重要。"马克如是说。

事实上确实如此，一家企业的领导方式就是它想要的沟通方式。告诉人们他们该做什么，不一定就能让他们按照你的设想去做。如果通过自身的行为告诉他们该做什么，那么达到理想的沟通效果和实现改变的可能性就会大大提高。

从企业层面来看，一家企业的行为体现在它做的每件事情及其员工做的每件事情上，传递的是"超出信息层面"的态度和情绪。

想要了解目的很难，这要求我们抛开我们心中的理性观念，取而代之的是感觉正确……

马克认为："我们对客户的期望值是，希望他们对产品的感觉和评价是完全客观的。这个期望值毫无用处。"

马克相信，同样的道理也适用于员工。他引用了屡获殊荣的广播公司和创新者——英国第四频道（Channel 4）的案例。

有的人可能不了解英国第四频道。第四频道是一家以广告为主要盈利业务的上市广播公司，成立于 1982 年，旨在成为一家成功的独立制片公司，打破 BBC 和与其定位相似的独立商业广播公司 ITV 的霸权地位。

自成立 30 多年来，它一直在英国广播和广告市场占据重要份额，并且通过 Film4 电影公司成了电影行业新兴作品背后的驱动力量，如《猜火车》（*Trainspotting*）、《末代独裁》（*The Last King of Scotland*）、《贫民窟的百万富翁》（*Slumdog Millionaire*）。

即便如此，2010 年大卫·亚伯拉罕（David Abraham）出任 CEO 时，他发现第四频道还没有摆脱英国《卫报》记者玛吉·布朗（Maggie Brown）在五年多前对其的批评所带来的负面影响。第四频道被认为管理策略"悲观且无望"，对拥有企业的股东过于毕恭毕敬。

如果你观看了第四频道在2012年伦敦残奥会的宣传片——戛纳广告节获奖作品《超人》(*Superhumans*)，或者见证过2012年底它们的广告销售团队联合对抗英国最大的电视广告采购公司群邑集团（GroupM）的决心，你肯定不会怀疑这家公司的活力。

它在创造和传递创意内容、产品和服务方面的持续能力也证明了这一点。

发生这样的转变需要强大的领导力，并基于市场竞争和全局变化的深刻了解而采取的简单有力的策略；优秀的人才培养机制；大胆又勇敢的创意和技术决策；辛勤的工作以及足够的运气。

但是，真正将这一切凝聚在一起的是目的。马克说，具体起到推波助澜作用的是第四频道在企业内部清楚地宣扬并践行了目的。

与众不同的是，第四频道把目的写进了公司章程（成立之初的章程及其后续的修订版均概要性地描述了其经营范围具有创意性、试验性和特殊性）。但是人们往往不按章程做，这也是为什么大卫·亚伯拉罕要优先选择重塑对第四频道目的的共知。这对其他方面的变革会起到关键的杠杆作用。

"当然，正如每一位新上任的领导一样，大卫·亚伯拉罕肯定有很多非常紧急、需要马上处理的工作（财务、人力、技术、营销等），但是最重要的是去重申价值观来挑战企业……并且将它融入企业架构和日常工作中。"马克如此评论道。

"一旦你知道我们是谁，我们是为了什么，日常决定和重要决策就会变得简单：企业的上上下下均是如此。"

"从宏观层面来看，就是一家企业应该怎么组织运营，雇用什么样的人，应

02　拥有共同的目的

该支持什么样的项目和观点。而从微观的方面来看，就是同事之间怎么相处，他们为对方做什么。"

正是在直觉和情绪层面，普遍运用了对组织构架的认知，第四频道公司得以振兴，重拾好运。正如大卫·亚伯拉罕在 2012 年爱丁堡国际电视节（Edinburgh International TV Festival）告诉现场的观众的，他们将其的目的描述为"顽皮的使命"。

马克说："目的让他们有分寸地冒进，所以他们能够带着如此清晰又富有激情的广告片参加 2012 年残奥会的竞标，给了这些杰出的运动员应有的尊重。他们的主题——超人很快也成了残奥会的理念。"

这个广告不仅制造了大量的话题内容（在戛纳广告节上荣获金狮奖），还为公司带来了始料未及的（至少对于外行人而言）观众数量的增长，迎来了真正意义上的里程碑。可以说，是目的帮助第四频道赢得了这一切。

清晰的目的对于分散型组织（与管控集中的企业相比）日益重要。而如今大多数企业均为分散型组织。

如果每个员工都明白企业目的，如果他们都能以身作则践行企业目的，如果他们能在企业运营和同事的行为中发现企业目的，那么他们就能更好地做出真正符合目的的决定。他们的每一个决定，都为企业向客户传递正面信息做出了积极的贡献。

"人们并不是你传达指令的沉默终端，你也不可能通过编写最聪明的算法来控制他们的行为。你必须鼓励他们发挥自己的技能、判断力，并建立对企业和客户的正确认知。"马克评论道。

100 年前，大多数（约 80%）产业是资源开采和加工业，少数（约 20%）产业是与人密切相关的行业。现在，对于发达国家而言，比例完全调换过来了。你的员工做出的决定将可能影响企业的成功。确保这些决定的最终方向是你分享的目的，因此目的比以往更加关键。

我们已经发现，告知团队目的并不足以让他们去追求实现目的（在结构分散型的企业更难取得成功），确保他们通过信念和行为理解目的更为重要。

如果你是一名领导者，为了实现这个目的，你采取的第一步行动是什么？

马克说，第一个挑战是充满激情地去"感受"：什么对你重要，什么对外部的人重要，什么对这个世界重要。最重要的是，什么对你重要。

"不仅仅是'财务报表看起来很好看'，也不是'有风险投资人很看重这个'或'预测到未来可能财源滚滚'。只有超越这些的才是对你真正有意义的。为什么这是一件好事呢？"马克说道。

当关注点聚焦在 KPI 时，激情就不会引起太多的关注。

"以前在北欧并没有这样的文化。工商管理硕士也帮不上忙，因为他们认为企业经营就是表格数据和理性，而大部分时候并非如此。"马克解释道。

我们不是说你应该放弃评分或者是评估。我们所说的是不应该忽略那些重要的激情和感觉。它们也是你做决策的依据之一。

建立共同的目的并不只是在企业一切顺利的时候发挥作用。在艰难的时候，它也可以让企业更有韧性。它提供了一种保护你的产品溢价的方法。如果你的产品只是一个商品，那么在客户眼中它与其他产品并无二致，你的市场空间将会受到挤压。

当你的产品不是最好的产品的时候，目的甚至能够保护你。马克主张，技术层面最好的产品并不总是会取得成功（世界上唯数据论者总是认为应该如此）。比如在 20 世纪 80 年代，大家都认为 Betamax 录像带采用的技术比 VHS 更好，但是最后 VHS 的市场占有率最高，几乎随处可见。

在盲测环节，百事可乐也比可口可乐更受欢迎，但是可口可乐在全球市场上接二连三地取得了更好的成绩。马克评论说，因为我们都知道可口可乐是什么，对我们和其他人意味着什么。

"无论你什么时候看，无论是哪个市场，最成功的产品并不一定是最好的。但最成功的产品一定是基于拥有共同的目的和社交参与感——它融入了我们的生活。"马克如是说。

拥有共同的目的是帮助企业的产品或者品牌嵌入社交空间最重要的方式之一。"是人与人之间的空间，"正如马克所描述，"而不是耳朵之间的空间。"

他所追求的是一种理念，这种理念是在群体的互动中形成，而非来自个人。它在我们之间逐步形成，而不是由我们塑造成形。

思考拥有共同的目的的方式之一是思考影响力是如何发挥其真正作用的。很多产品声称可以让品牌和企业知道它们最有影响力的客户是谁。它们大多数的关注点都错误地放在个人身上。但是影响力是一个社会建构概念。它不能被个人局限。只有人与人之间存在互动的时候才有意义。

还原论对表格数据的拥护者来说更容易接受，因为它更符合人们过去认为的影响力是从中心发散的。尽管这让人很欣慰，却是错误的——它更适合广播电视的时代，而不是我们现在的有机网络时代，而且它并不会帮助你去与客户交流目的。

假设你有目的——你找到了你的激情，你想实现超出股东利益的目标，想要修复、改变、纠正会让其他人在情感上共鸣并且帮助你实现的信仰（甚至，你可能重新发现创始人的理想）……你准备下一步做什么？你将如何说服你最亲密的同事？

马克举了快速消费品多芬香皂（Dove）的例子。它的信念是什么呢？

"西维亚·拉格纳多（Syvia Lagnado）是联合利华多芬产品的全球品牌总监。我十分幸运地曾与她一起工作。她和一起共事的奥美团队得出一个结论，多芬只是又一个个人护理品牌——这个世界并不需要更多的个人护理品牌。"马克说道。

多芬的背景故事很有趣。第二次世界大战期间,多芬原本发明的是医用清洁剂。尽管多芬的新目的已面目全非,但至少与原目的有相同之处——"关爱人类"。并不是很多产品都适合设定这样的目的。

但仅仅如此还不足够。当品牌的历史故事不足以提供更多支持的时候,或者变得并不相关时,你需要问一问:"我们该拿这个品牌怎么办?我们的目的是什么?它对我们如何重要?我们应该利用它去实现什么目的?"你需要并且应该带着这些问题去询问你的同事们。

"它对你而言,必须是真实的。我看到很多合作客户认为目的是值得采纳的好想法。它们将目的融入它们的品牌的核心理念中,这样除了立场之外,它们还拥有一个目的。"马克说道。

但是,他告诫道:"这有点矫枉过正。它们知道每个人都需要一个目标,它们知道我们讨论过目的的重要性。但最后却有可能徒有虚名。"

"追根溯源很重要,这就需要重新问自己:'这家企业打算做什么?你在这个世界上真正想要做的是什么?'重要的是要去真实地感受这一切。"

多芬在它的"真美活动"(The Campaign for Real Beauty)中找到了它的目的:"创造一个世界,让美丽成为自信的源泉,而不是焦虑的起因。"

多芬支持每一名女性感受自己的美丽,反抗身体和年龄的纳粹主义。多芬做得远比说得多。比如,它们通过一个30秒的广告来积极支持战胜神经性厌食症运动,帮助年轻女性建立自尊心。它们发起了一场女性运动,由此多芬被赋予了意义。

如果一块香皂都能做到……

保罗·波尔曼(Paul Polman)自 2007 年担任联合利华公司的 CEO 以来,向

02 拥有共同的目的

股东们传递了一个关于目的的信息：超越利益的意义。

马克评论道："他做了大量的工作，向股东们展示如果企业要想实现可持续发展，那唯一的方法就是在世界上尽量留下较少的痕迹，无论是从生产上（从生态和人类角度），还是从产品的使用上，他告诉股东们，联合利华需要教会人们怎么使用它们的产品，并且要研发出对地球危害更小的产品。这是很勇敢而且有担当的行为。这也确立了它们业务拓展范围的清晰目的。"

并非只有联合利华发现了目的，或者说出这样的至理名言。企业目前面临的挑战是如何通过行动去展现它的信仰。

在这个互相关联的世界中，企业的一切都处在众目睽睽的观察之中，自媒体十分发达，如果光说不做，最终都会无处遁形。企业的行为就会暴露在镁光灯下。

对一家企业而言，不会再有比目的更有鞭策精神的驱动力了。姑且不论其他，目的会帮助你与世界联结。当企业 CEO 们认为股东比其他人或者其他事更重要时，许多原则就会被忽略和搁置，而目的可以帮助你重新确立这些被忽略的原则。

马克认为，"当企业感受到它们是世界的一部分，并且对世界负有责任时，它就可以重返辉煌。比如，2013 年我们在英国（届时谷歌、星巴克、亚马逊和其他企业都被国会特别委员会起诉）讨论企业合法避税时，它让这个讨论呈现出另一个有意思的角度。"

"谷歌执行董事长埃里克·施密特（Eric Schmidt）认为他的工作就是避税——为股东创造最大化的价值。但是现在我们发现，对于世界而言，这实在太短视了。你的工作确实是为股东创造长期的价值，但同时也要为所有人创造价值。"马克提道。

人的因素日益重要，现在的企业和经济越来越依靠人类的技能、知识和行动

（与提取资源相比）。

"人会稀里糊涂，也会聪明伶俐，人还会可怕、深不可测、富有创意、保守的、极端的、害羞的和开明的……人无完人，但是在旁人面前多少都会有所隐藏。如果你认为数据表格会让你远离他们，这注定无解，"马克如是说，"目的会帮助领导者在企业里推动重要事情的发展。"

户外服饰品牌巴塔哥尼亚（Patagonia）的创始人伊冯·乔伊纳德（Yvon Choinard）就是怀着强烈的目的而创业的。自1986年以来，他就开始为绿色环保事业捐出一部分企业利润。而且，这家公司一直对外公开其生产中使用的化学原材料，并且致力于尽可能少地使用。

巴塔哥尼亚的官网宣称："巴塔哥尼亚想要可持续地发展，健康的地球对于健康的企业十分重要。我们想要承担责任，量力而行，希望给后人留下一个美丽和生物多样性受到保护的地球。企业可以为解决环境危机贡献自己的智慧……我们有义务为在纺织行业工作的人们创造公正和安全的工作条件。"

巴塔哥尼亚不只是说说而已，它们还付诸如下行动。

- ❖ 为了真正做到公开透明，产品供应链环保跟踪项目（The Footprint Chronicles）提供供应商地图，以"降低企业对社会和环境的负面影响"。
- ❖ 共同衣物合作（Common Threads Partnership）承诺只制作耐穿的、实用的衣物（确保你不买不需要的衣服），并且提供衣物修补服务。只要你承诺修补衣物，巴塔哥尼亚就会向慈善机构捐赠它未售出的产品——呼吁你将不再需要的产品出售或者转交给其他真正需要的人。巴塔哥尼亚鼓励回收其产品并建议永远不要丢弃。
- ❖ 员工有机会参与环境保护项目。企业中所有会影响环境的环节总是通过降低对环境的负面影响的指标来评估的。

02 拥有共同的目的

理查德·布兰森爵士（Sir Richard Branson）的成功秘诀是"多做好事会给公司业务带来好处"，他倡议成立的维珍联合慈善机构（利用维珍集团全球社区的能量主导慈善工作的项目）始终坚守这点。通过联合利华和维珍的案例，可以发现这些积极的环境效益，也应该被认为是可持续的、健康的企业的正面效益。

理查德·布兰森爵士的成功秘诀面临的一个挑战是，法律规定了股东利益第一的原则（特别是对于上市公司而言）。在上市公司，如果企业负责人没有最大化股东利益，满是怨气的股东有可能将他告上法庭。

理论上来说，与简单的盈利模式相比，巴塔哥尼亚从来没有宣称过它的目的是创造更高的价值。因为它是私有企业。

尽管如此，巴塔哥尼亚针对其目的已经采取了进一步的保护措施。2012年1月，它宣布成为美国加利福尼亚的第一批"公益公司"（Benefit Corporation）。公益公司是一种新的法人形式，赋予了经营负责人将社会和环保使命置于经济效益之上的法律权利。

截至2013年6月，公益公司已经被美国12个州的法律所认可，也迎合了环保政治说客的理念。但是，如果你的目的不在法律规定的环境、社会或者是公共效益范围内，该怎么办呢？

加利福尼亚州现在接受目的灵活的企业，创始人可以在公司章程里写入"特别使命"。经营负责人必须在他们的决策中兼顾"特别使命"，哪怕代价是降低股东的收益。

如果你已经开始思考目的会给你的公司带来的益处，那不妨听取马克·厄尔斯的简单建议：以目的为指导，列出你将继续进行的项目和计划放弃的项目。

"我是简单快速算法策略的忠实粉丝。当你能够真正说出你为之喜欢之处和不喜欢之处时，对你真正重要的事情才会清晰呈现。"

"一定要明确知道自己的信仰——你的企业所从事的不是千篇一律的事业，

而是真正的、价值所驱动的事业。"

缺乏目的，你的企业只是一系列财务报表的松散组合，长远来看，必输无疑。

目标状态 / 错误示范

你给你的企业打多少分（5 分制）

目标状态（得分：5 分）

你明确知道企业的目的——存在的原因（为了让这个世界变得更好等）。每个认识你的人都了解你的目的。你的行为与你的目的完全相匹配，并且准确地向外界传达了你的目的。

错误示范（得分：1 分）

你的企业存在的首要目的是赚钱。企业使命宣言只是记载了实现股东利益的要求。

第一步……

如果在当下阶段，你的企业评分很低，那么不妨从以下几方面入手去改善。

1. 召集创始人 /CEO、其他关键决策者、经验丰富的老员工（保洁员工、董事均可，职务不限）。询问他们对企业目的的看法和原因？如果大家的意见一致，直接查看第 4 点。如果不一致，继续查看第 2 点。

2. 组织一次研讨会，调研：是企业的哪方面吸引员工在这里工作？他们为什么选择你的企业，而不是其他企业？他们特别信任企业的哪个方面？他们

02 拥有共同的目的

不想失去的是什么方面，待遇？假设你们失去品牌，一切必须从零开始，根据此场景组织一次练习：什么对你重要？这个品牌怎么起步？接下来该做什么？它未来会成为什么样？你对它的信任在何处？其他人可以相信什么？

❸ 当你们有了一个共同的信念时，它是否符合企业的需求？

❹ 以"目的"为指导，按照是否符合目的来划分你的工作。

❺ 停下不符合目的的工作。为符合目的的工作创造更多的机会。

The 10 Principles of Open Business
Building Success in Today's Open Economy

03 | 开放资本

定义

使用众筹平台或众筹原理通过小额投资者筹集资金。

归根结底，能够给组织功能和企业运营带来重大和颠覆性变化的，基本上是资本的作用。

这就是为什么开放资本是开放式商业思维的第二项原则。

在工业时代，资本是按照规模和集中控制的原则组织的；持有大量现金的少数决策者更符合当时世界的需求。

但是，互联网时代需要一些新东西：能够更快地决策，同时更广泛地分散风险和分配回报；客户的角色从"最终用户"转变为参与者和合作伙伴；其他更适合网络的新理念。

我们将其称为开放资本：利用众筹平台或众筹原理通过小额投资者筹集资金。

我们看到了不断涌现的众筹平台，如 Kickstarter、Seedrs、Grow VC，以及它们支持的新产品和服务不断取得成功的案例，而这些都曾经是垄断资本不可能或不愿支持的。

今天的企业家之所以选择开放资本，是因为他们知道众筹是一种优势远远超越了传统融资方式的新途径。

开放资本分担成本和风险，因此共同拥有主人翁意识和激情。它使得创新民

03 开放资本

主化。这对于新老组织来说都很有价值。

这种成功存在于以下几方面。

- ❖ 降低创新的成本和风险。Fairphone 公司（我们将在"透明度"这一章中会谈到）起源于一项计划，即只有当通过内部众筹获得约 150 万欧元时，这款独特的智能手机才会投入生产。
- ❖ 消除创新风险。通过提供 Facebook 点赞或 Twitter 转发的，生成预售订单，证明创新产品有市场：TikTok 手表就是这样一个例子。传统的融资方式无法支持像 iPod nano /watch 之类产品的创新。超过 13 000 名个人支持者将他们的钱放在 Kickstarter 众筹网站，足以证明传统资本是错误的。那些希望得到手表的人拿出现金提供项目所需资金——供需完美统一。
- ❖ 在推出产品之前启动倡导者平台，以提供点对点营销推广——如 Fairphone、TikTok 和 NearDesk（相比其他时间更短）等案例。
- ❖ 将贷款人与市场更准确地联系起来——2007 年的次级贷款危机（及其影响）暴露了传统融资模式的不足——例如，Prosper.com 现在已经通过点对点模式为个人创业者提供 7.5 亿美元贷款。
- ❖ 尽早实施开放式创新流程，以便从上述多方面受益。
- ❖ 创新民主化。让参与者拥有真正的主人翁意识。
- ❖ 使小众创新得以推广。开放资本可以经济高效地使各种规模的组织能够测试、开发产品以满足小众市场需求。

合作伙伴关系也提供了越过董事会和资产负债表的盈亏平衡线来创造价值的机会；价值创造承认资源是有限的，人、社区、社会和生态是相互关联的，并且对彼此很重要。

而这本身就提供了真正的竞争优势，明智的企业家很快就发现了其中的真谛。正如理查德·布兰森爵士在他的书中所说的那样："工作与更高目的之间的界限正在融合——做好事确实对企业有利。"

在互联网时代，与更多关心你并和你做同样事情的人一起工作本身就意味着胜利，很少有人会支持那些破坏其所在的生态系统的企业——更不会用自己的钱去支持它们。因此，开放资本将成为"做好事对企业有利"的关键驱动因素。

汤姆·鲍尔（Tom Ball）是新一代企业家中的翘楚，他已经转向开放资本而不是成为最后贷款人（a lender of last resort），因为他相信这会带来积极的竞争优势。

他转向 Seedrs 寻求众筹的目的是测试市场对他的产品的兴趣程度，规避大投资者的需求，并为该产品创建一个现成的营销团队：他们准备把钱投给那些口碑不错的项目。

没有傻瓜等着将自己的钱从 Seedrs 分出去。每个新申请人都要接受 Seedrs 严格的评估，看他们是否了解所涉及的风险以及持股的运作方式，也不允许投入超过他们可支配收入的一定比例（这由 Seedrs 帮你计算）。

这是一个真实的测试。如果未通过在线评估，平台不会让你投资。简而言之，这取代了主流金融业宣传单上的传统提醒文字，即"理财有风险，投资需谨慎"，而是给你实实在在的警醒。没有人再说他们不知道风险，也没有人再说他们被愚弄了。

在英国，那些希望投资的人有另一个优势，即自 2012 年 4 月起，种子企业投资计划（Seed Enterprise Investment Scheme，SEIS）为购买公司早期新股的投资者提供税收减免的优惠政策。SEIS 是英国纳税人可以获得的最慷慨的减税计划之一。

不过，几乎没有其他国家为初创企业的投资者提供如此重要的支持。

Seedrs（在撰写本文时）也是英国唯一获得金融服务管理局（Financial Service Authority，FSA）批准的众筹平台，其他众筹平台还在排队等待。

03 开放资本

所以在 Seedrs 投资有很高的门槛。即便如此，汤姆的 NearDesk 在 Seedrs 众筹网站上线时打破了三项纪录（筹集金额最多、投资数量最多、筹集资金最快），从 139 名投资者中筹集到的金额超过 15 万英镑，个人投资额度从 10 英镑到 50 000 英镑不等。

你可能会担心如此多的人参与汤姆的项目会导致人多误事，其实并不会。

Seedrs 充当所有投资者的名义持有人，会进行基本的尽职调查——在投资中会审查汤姆声明的真实性并保留追究他的权利。但是，当汤姆开展业务时，Seedrs 和投资者并不会去干扰他。他们不会出现在董事会上，也没有投票权，从而避免了委员会管理的弊端，保证了初创公司可以保持独有的快节奏。

那么为什么有这么多人支持汤姆呢？NearDesk 只不过是汤姆最新的一次创业而已，但也许这是他非常重视的一次。

这与拥有共同的目的有关（见第 2 章）。汤姆痛恨通勤——通勤使我们离开社区，减少了我们与家人共处的时间，而且对环境也不利。他认为这是他想要解决的问题。

NearDesk 通过提供合适的、离家较近的工作空间来试图让通勤者每周能有一天在家附近工作。

"我们更像是亿客行（Expedia），而不是希尔顿酒店。"汤姆解释道。

有趣的是，当他向一些公司建议员工可以每周有一天在离家更近的地方工作的时候，他们经常反驳说："也许两天会更好。"

他们当然会这么做。要知道伦敦市中心一张办公桌的平均成本现在每年约为 15 000 英镑。办公桌轮用制（hot-desking）并没有解决问题，汤姆说，它只转移了这个问题。

他进一步解释说："大多数公司的碳足迹中有 52% 是由员工通勤造成的。"

总的来说，汤姆认为，公司花在一张办公桌上的费用可能会比公司支付给员工的费用还高。

"拥有办公桌和写字楼物业已经成为许多公司的核心竞争力。对此提出挑战，并问他们拥有这些的本质或需求是什么，这非常有趣。"他说。

他衷心希望人们在所居住的社区花更多的时间。"如果你在晚上九点之前没能回家，你就无法去附近商店买到新鲜的食材，你只能去乐购或森宝利超市。如果你在社区附近工作，你就可以在那里购物、吃午餐，尽量减少碳排放。"他说。

正如许多父亲和母亲意识到的，通勤导致的另一个结果是扰乱了我们希望主导的生活。

他补充说："在上下班的时候，你经常会在孩子们醒来之前就离开家，然后在他们睡觉之后才到家。"

从所有这些可以看出汤姆是一个斗志昂扬的人，一个有使命感的人，一个拥有目的并且可以带领公司实现的人。

"不必要的通勤让我抓狂。减少通勤和增加社区活动将会带来一系列的好处。"

汤姆说，开放资本是一个合适的工具，可以为以目的为导向的企业提供资金。"这是一场运动，而不仅仅是为了赚钱。所以众筹资金应当是正确的做法——采用以人为本的方式。"

这就是能够吸引投资者、创造纪录的目的。这一纪录至今依然保持着。2013年9月，NearDesk第二轮融资又筹集了50 000英镑。

汤姆说，最大的收获就是开放资本能吸引来支持者与他一起完成任务。

"一个非常简单的例子是，当第一轮融资结束时，Seedrs在Twitter发布了一条关于Neardesk成功实现的推文。在接下来的一小时内，它被转发了五次。我

03　开放资本

知道其中的两次是 Twitter 投资者,并且怀疑其他三个人也是。"

支持每天都在发生,并且逐步增长。"我们的支持者无处不在,几乎每天我们的投资者都会给我们发一些有用的东西,或者把我们介绍给可以提供帮助的人。"汤姆说。

他已经扩展了业务规模——每个投资者都感受到成为它的一部分,并帮助它取得成功。

"我们有 139 人,不管怎样,他们都是团队的一员。实际上,确实有人为加入我们而付费。非常高兴能够得到这些额外的保障,因为有人和我们一样认为这个想法值得支持。目前,人均投资约为 1000 英镑。"

众筹的成本远远低于天使投资者(通常是那些提供 10 万至 100 万英镑种子基金的投资者)的成本。但是,了解天使投资社区可以为我们提供有关动机的线索。

汤姆解释说:"有人研究过为什么人们会天使投资,其中最主要的原因不是为了赚钱,而是为了在晚宴上有谈资。"

在当今的开放式商业思维中,目的或信念无疑也可以是谈资的一部分。

汤姆将其描述为:"我有多余的钱,我会将其中 90% 的资金投入保诚保险公司(Prudential),并将剩下的 10% 投入我认为可以改变世界的事物中。如果你不能做一些有趣的事情,那么有钱又有什么用呢?"

简而言之,开放资本是一种我们秉承让世界变得更好而创业的一种方式,而不仅仅是为了快速赚钱。我们希望利用自己的现金来完成我们相信的事情。

汤姆指出,进行小额投资的人群也可能比那些投入一定现金以获得快速高额回报的人更能够接受更长的投资回报周期。

结果将是资本与人们热切相信的事物,即他们的目的一致。

它开启了所有人都能利用资本进行变革的能力。你不必是一个企业家，你只需要通过承担自己能接受的财务风险来支持变革，比如，你无须放弃你的日常工作就能开一家素食超市。

"对于创业者来说，小额投资很有趣，但真正重要的是让团队的其他人相信。"汤姆说。

对于汤姆来说，开放资本是风险投资（venture capitalist，VC）模式的一个非常强大且诱人的替代品，同时见效也更快。

"如果我想找风险投资，那我必须玩这个愚蠢的游戏，让不止一个投资者有兴趣，他们不想成为'孤芳自赏的人'，"他说道，"如果接受了风险投资，我们将从第一天就开始与他们抗争，因为他们想拥有所有的控制权。"

汤姆认为开放资本的价值，远远不是像传统投资者看起来的那样。

"他们没有无所不知的能力，知道将获得什么。在某种程度上，是市场（通过 Seedrs.com）验证了 Neardesk 以前尚未察觉的、获得成功的可能性。事实上，在第一轮融资结束后的一小时内，欧洲最受尊敬的投资机构之一就联系我们表达了它们的投资兴趣，还有三到四家风险投资公司也联系了我们。"汤姆说道。

由于 Seedrs（顾名思义）仅仅提供种子资金，风险投资公司并没有受到它的威胁——但是基于汤姆的建议，它们可以通过持续关注，以便在后期进行投资。

汤姆说："我喜欢开放资本的一个原因是，现在我们每个人都是潜在的投资者，愿意投资 10 英镑的人比愿意投资 10 万英镑的人多得多。"

在撰写本文时，NearDesk 仅仅在伦敦国王十字区运营了一块测试场地，但还有 50 多块场地正在开发中，还没有开始市场推广。在本书英文版正式出版时，其市场网络应该已得到进一步的扩展。

其能够扩展的原因之一是，该企业作为一个平台运作，寻求与拥有共同目的且能够完成任务的同道中人建立伙伴关系——无论他们是否看起来像是潜在的竞争对手。

汤姆计划根据 NearDesk 的要求创建供需数据图。他的目标是采用开放数据的方法，与能够充分利用它的人共享——这是他对这个事业具有充分信心的明显标志。"这就是我们如何帮助整个行业取得成功的方法。"他说。

正如我们之前所说，NearDesk 只是汤姆一系列创业中的最新成果。至关重要的是，它是由拥有共同的目的所驱动的。

他说："拥有了共同的目的，就有动力——钱也会随之而来。"

为了充分利用开放式商业思维的原则，汤姆提出了一些建议："公司需要改变自己的肢体语言。它们需要停止将东西护在胸前，转而把手打开并向四周走动。它们获得的收益将远远超过由于开放造成的损失。"

* * *

尤卡·阿赫韦奈宁（Jouko Ahvenainen）拥有分析、技术和移动应用方面的背景。

他的 Twitter 个人资料中显示他创建了世界上第一个社交网络分析工具 Xtract，现在专注于新的 P2P 投资模式，即 Grow VC。他说："我们大约三年前开始为初创企业提供融资服务。我们的目标从一开始就是全球化的，我认为我们仍然是同类型中、唯一的、全球运营的平台。"

除了建立初创企业外，他还是初创企业的投资者。Grow VC 创立的大部分原因源于他那饱受挫败的创业体验和对民主化投资初创企业的渴望。他说道："我们认为初创企业的融资模式的效果不那么好。如果希望从寻求良好的市场开始，那就必须有足够的需求和供给以及各方的所有信息。初创企业的传统融资模式距此很遥远。它通常只能基于有限的信息，由个人或本地联系人或网络驱动，并且在很多地方由'重要的'风险投资控制。"

"我们的看法是，让市场更开放、更透明、更有效，对公司和投资者而言都是有意义的事情，"尤卡说，"这个想法是为初创公司获得更多资金，同时也为每个人投资初创企业提供了机会。"

对于投资者来说，这个想法让他们有机会比较更多的投资选择——从大量的初创公司中选择投资标的。

"当我第一次成为投资者时，我不得不依赖于介绍人。当我看到第一家初创公司，认为'哇，这是一个很好的机会，我应该在这里投资。'然后当我看到下一个初创公司，又认为'哇，这是一个更好的机会。'"他说。

如何知道自己接触到了足够多和足够好的投资机会？

他的平台提供了所需的透明度，在一定程度上可以改善这一情况，也为扩大投资者的选择（大约5000多家初创公司在Grow VC上发起众筹）提供了帮助。

Grow VC力图改善的另一个情况是货币的供给方面。如今，该平台在全球约有20 000人准备投资。

早期的受益者是澳大利亚公司Cintep，该公司提出了一种节水淋浴设计。在干旱地区，这一设计具有明显的优势，特别是那些需要支付大量水费的用户，比如连锁酒店。

"这个设计回收了80%的用水。"尤卡说。

Cintep从Grow VC提供的服务筹集到的第一笔资金是10万美元。他说，在此之后，Cintep做得非常好，还获得了清洁技术奖，由此获得了更多的资金和与连锁酒店的交易合同。

那么，Cintep为什么选择通过众筹的方式融资呢？

"这是因为澳大利亚的风险投资生态系统运作不佳，初创企业很难获得风险投资，"尤卡说，"而且，许多风险投资公司将重点放在互联网和软件服务项目上，而不是其他行业的那些拥有创新产品理念的公司。"

"Kickstarter 模型也不适用于 Cintep。它们需要资金来开发产品。它们还没有准备好将产品交付给那些投资的人。它们需要的是股权投资。"他补充道。

尤卡的职业生涯曾经遍布全球。他从芬兰出发，去过远东和美国，目前在伦敦生活和工作。在成为连续创业者之前，他曾在诺基亚、Sonera、凯捷管理顾问公司（Cap Gemini）和安永会计师事务所（Ernst & Young）等公司担任过高级职务。

他在全球观察到现实对于梦想的挑战，从而决定 Grow VC 集团在美国、英国和中国香港特别行政区设立分部。

"由于要在全球范围内开展此项工作，所以在法律层面上的操作非常复杂。例如，在美国，法律规定普通民众不得投资私人公司。"

尤卡希望通过各种方式来改善风险资本市场的运作方式。凭借在开放资本市场三年的经验，Grow VC 集团已经开始开发其他类型的业务，这些都是基于开放式商业思维的原则。

第一个是咨询和投资银行服务。Grow VC 担任投资初创企业的顾问，同时也在全球各地创建众筹生态系统。

这种方法适合在开放的世界实现规模化。Grow VC 的想法也以平台——Crowd Valley 的方式广泛分享，以支持那些能够并且应该从中受益的人。

"我们帮助大家启动自己的平台。"尤卡说。

Crowd Valley 为众筹、P2P 投资和证券专业人士的替代资产市场提供平台和服务。Grow VC 仍然是初创企业的国际股权市场，提供平台帮助全球企业家、资助者和专家联系。

Crowd Valley 平台还以软件即服务的方式提供解决方案。尤卡解释说："公司或组织可以通过我们的平台轻松创建自己的众筹。许多孵化器、大学或商业团体希望从本地募集资金,我们就负责平台和所有后台功能,对交易和投资进行跟踪。"

他说现在有合作伙伴还使用 Grow VC 为成熟公司、商品、房地产和能源资源提供资金。

对于尤卡而言,后台办公功能在超越 Kickstarter 概念的众筹模式中至关重要。

Kickstarter 作为众所周知的众筹平台之一,声称在推出新产品方面取得了许多成功,而这些新产品你可能根本无法见到。

但尤卡指出,这是一个相对简单的模式,更类似于购买商品,而不是成为股东。"在 Kickstarter 中,当公司获得你的资金时,整个过程就结束了(你获得了有效资助生产的回报,即产品),"他解释道,"在投资和股权众筹中,投入资金只是起点。然后,你必须处理所有证券和投资结算,然后跟踪投资并报告。这种投资模式的复杂性远远高于 Kickstarter 的模式。我们试图建立一个非常简单的平台来实现这一点。"

现在,有 500 个组织以这种方式使用该平台。

另外,Grow VC 集团也开始与合作伙伴开展共同投资模式。

"我们已经看到,为了让众筹融资投入运营,我们必须与其他投资者合作。例如,如果一家初创企业很有潜力,那么投资者跟进,进行第二轮和第三轮投资是件好事。"

该平台有点类似初创公司的领英(LinkedIn)——初创公司在上面发布个人资料、报告重要里程碑事件,并提供投资者记分卡,记分卡是一种随着时间的推移可以持续评估它们,同时也支持与其他投资机会相比较的工具。

"我们这样做是因为我认为评估初创企业的唯一方法就是执行能力。仅仅根据他们的想法、甚至他们的团队都是不够的。"尤卡说。

他还认为,改善投资者与创业公司之间关系的关键影响之一是,能够接受企业从小规模开始、较少的跳跃式增长和有机增长。

"现在，它们可以通过获得少量资金，展示它们可以做些什么，然后逐步小额地增加投资资金。而传统模式是许多公司试图尽早获得更多的资金，因为融资的过程是如此复杂和耗时（特别是对于企业中的关键人物）。"尤卡说道。

通过降低复杂性、成本和时间，Grow VC 减少了获得适当资源所需的时间，以满足创业公司实际的短期需求：少且经常（如果成功）相对于大且稀少（如果不成功）。这本身就与互联网中的利基市场更匹配。

不只是个人使用该平台。一些公司现在也通过 Grow VC 资助初创企业，来作为其创新的新途径。

"一些企业在内部使用它进行建模，试图将企业风险与部门需求关联起来。"他说，通常，企业风险投资活动很多时候由于无法与现有部门建立联系而失败。

尤卡继续说道："我们一直在寻求合作模式，这样大家可以相互支持。我们基本上可以在组织内创建一个内部众筹。"

"我们发现，对于 Grow VC 集团来说，现在最重要的是在新人群和 P2P 模式以及传统金融部门之间建立桥梁，"他说，"新模型与其他投资模式的整合至关重要。传统的投资界非常希望与新模式关联起来。我们已经与许多投资公司、投资银行和投资者开始合作。"

一些机构投资者有兴趣运行内置自动触发器的众筹模型，以加快决策过程。"如果一个案例符合他们的标准，并且假如该公司从众筹获得 50% 的目标资金，那么预警可以直接将其置于机构共同投资者的评估过程中，"他解释说，"几个小时之内，他们就可以决定是否支付另外的 50%。"由于仍然处于早期的发展阶段，尤卡无法公开这些公司的名字，但有一点可以肯定，企业内部的开放资本已经到来。

这种最终的颠覆比内容创造和传播业务造成的颠覆更具彻底性，甚至颠覆了为塑造我们关心的内容而需要自我组织的能力。它是变革的重要推动者。

如今，我们可以自组织来资助我们关心的事情。这颠覆了众所周知的大规模集中式的资本模型，将其转变为一个广泛分布所有权和领导力的模型。

网络就像是对"常规业务"的一次大爆炸——扰乱媒体、营销、客户服务、新产品开发、选举事务、以及谁来治理我们，我们如何接受教育，我们如何被关注，等等。

但是，它对人类权力的颠覆也有其局限性。尽管我们可以找到其他和我们关心同样事物的人，并且这样做可以降低实现我们的共同目的的行动成本，但垄断资本的巨大惯性会减缓有价值的长期变革。

有些人认为垄断资本太过于庞大不可能被边缘化。但谁又能想到互联网的到来终结了传统媒体的垄断呢？今天在英国，每天早上更多的人选择在Twitter浏览时事新闻，而不是去看全国性报纸。媒体的权力转移几乎全部完成；内容和发行垄断已经消失。

那么垄断资本呢？

毫无疑问，垄断资本正在阻止真正的变革。以Facebook为例……

首先，风险投资必须得到回报。

"你还没有开发出满足互联网世界需求的商业模式吗？很不幸！给我付费！"因此，我们获得了那些传统的、占用你在Facebook上的时间的广播式广告。

然后风险投资公司被垄断资本取代。它们想要的是分红，而且要快速变现。没时间等你开发新模式。"把所有鱼都圈起来——去捉它们……"

用户的长期利益在哪里？社区利益在哪里？社会的利益又在哪里呢？

纽约大学教授和作家克莱·舍基（Clay Shirky）的一句话说得很好："这些新闻网站设计得就像网络真的存在一样。"

03　开放资本

我们必须创造出设计得像世界一样真实存在的企业。

破坏我们相互联结福祉的剥削从来都不受欢迎。事实上，现在的剥削比以往任何时候都更加明显：网络比任何时候都更能揭示我们之间的相互联系。

精灵再也不会回到瓶子里了。

变革即将到来；垄断资本的惯性只能延缓事情的发展。在我们感到沮丧的地方、在我们最关心的地方、在那些对我们的未来和对我们所在乎的一切破坏最大的地方，我们将用我们的联系、我们的合作、我们的行动来投票——现在可以用我们的个人资金来表示我们的支持。

我们最初会循序渐进地慢慢蚕食——一个 Kickstarter 接一个 Kickstarter——但是终有一天，垄断资本醒来会发现自己的命运将和报纸的一样。

这有多现实？我们可以想象，这种老旧的、大规模的、集中式的资本模式会在不久的将来让位于以边缘为导向的开放式模式吗？

安德鲁·希尔（Andrew Hill）在伦敦《金融时报》（*Finacial Times*）工作了近四分之一个世纪。他目前担任管理编辑兼副主编，他的职务是调查新兴的商业模式和并对传统的商业模式提出挑战。他会定期采访世界领先企业的 CEO 及其高管团队。

安德鲁已经看到大型组织正在使用"游戏资金"的方式进行内部创意众筹，在确定了最受支持的创意之后，再投入真金白银。

"例如，我已经看到花旗集团（Citigroup）这样做了。它们使用这样的方式来识别可操作的创新项目。但固守成规的公司的问题在于，它们并不是真的想与外部分享想法。"安德鲁说。

他警告说："如果你是一家正在寻找下一个重要创意的银行，你会很谨慎地让其他人看到这一点。消费者测试一个创意比投资者更容易，主要是因为投资者想要获得更多的信息。"

他认为，开放你的投资理念，可能意味着潜在的、更大的投资者可能只会在融资初期投入少量的资金，以了解寻找投资的公司的下一步发展。

"对于大型公司来说，这是一个风险，我不相信很多公司会立即投入运营。"

但安德鲁看到，那些为初创企业投资以获得创新优势的大型企业，将开放资本看作扭转当前形势的机会。因此，与其说大型企业投资初创企业，不如说它们为自己的创意众筹资金——内化创新。

但这并不适合所有组织。例如，银行就由于规则所限而受到了阻碍。但是，安德鲁认为，它们依然是开放资本模式的最大风险。

"可以想象众筹的最终形式。举个例子，假如谷歌围绕着华尔街进行首次公开募股（initial public offering，IPO），那么银行当然会很厌恶这种做法。它们非常渴望锁定对 IPO 的最终融资。"安德鲁说。

问题是它们掌控得了吗？在互联网经济时代中，越来越多的人支持他们所信仰的小规模事物——我们是否还需要大规模的解决方案？

我们应该期待互联网络提供利基、长尾的解决方案，但我们发现自己一次又一次地面临巨大的、几乎是垄断的现状——诸如谷歌、Facebook、YouTube、Twitter、亚马逊那些来自西方的控制者。

安德鲁说，这其中一个原因是大公司会非常努力地去适应——为了保持其主导地位。他认为单靠众筹资金不足以结束规模经济的主导地位——但它确实开辟了一个巨大的、新的中间地带。

"开放资本可以服务于有目的的冒险。它不可能服务于诸如'我想成为下一个 Twitter'这样的目的，因此它可能不需要像 Twitter 所需的融资水平。例如，它将是那种人们希望参与的组织——但它可能不会产生下一个乐购，"安德鲁说，

03　开放资本

"大企业并没有放弃这一工具。"

我们面临的挑战是,如果你拥有开放资本所服务的所有中等规模,并且你能够以这种方式满足所有需求——所有人都支持自己所关心的想法——你还需要那些大家伙吗?

"无论如何,大公司、聪明的公司都有能力改变——使用它们拥有的东西和可以访问的网络化组织的原则。只是它们可能不会那么快。"

"像今天这样规模的 Facebook 已经不可能像在宿舍里创业时那样快速或创新地发展了,但我认为它仍然有能力这样做。"

"正如你所描述的那样,众筹理念的有趣之处在于,它可以为人们开辟一些中间地带,来开发一些不需要快速见效但可以逐步开发的东西。"安德鲁说。

我们认为,这对于创业至关重要,对于创建企业的人、投资企业的人、为企业工作的人以及购买产品的人来说也更有意义的。这些是更具有人性化的企业——它们可能更适合网络的利基市场,而不是过时的工业化的大规模市场。

迄今为止,当前由网络技术带来的、不断重复的大规模商业,并不一定是真理。网络毕竟还很年轻。

例如,你在互联网访问中上传和下载的速度几乎与广播的传播速度相当。下载的速度要比上传快得多。这对我们如何看待自己在互联网中所扮演的角色也会产生影响——作为参与者还是被动接收者,并决定了我们将在互联网上投入多少努力。

现在是开放资本的时代,尽管还在跌跌撞撞的发展中,但人们已经做好了准备,不仅仅是通过分享数字内容来支持他们相信的东西,而且通过为他们所信仰的东西投入一点金钱来提高自己的参与程度。

想象一下,当我们中的更多人想要真正地参与时,我们会有多少人这样做?

目标状态 / 错误示范

你给你的企业打多少分（5分制）

目标状态（得分：5分）

该组织100%众筹资金。

错误示范（得分：1分）

所有资金来自"垄断资本"——风险投资公司、机构股东——权力集中在组织之上，目标也是这些机构的目标。

第一步……

如果在当下阶段，你对你的企业评分很低，那么不妨从以下几方面入手去改善。

❶ 组织一次内部创意活动，员工可以通过游戏币来支持他们喜欢的想法。对规模进行限制——因为你可能因为资金不足而终结它。

❷ 在首选的众筹平台上发布获胜的创意（或者你可以在自己的平台上访问合适的受众）如果通过预售项目产品能众筹到一半的资金，那么你承诺提供另一半的资金。

❸ 将此初始测试限制为Kickstarter模型中的方式，而不是Grow VC模型中的股权。

❹ 如果测试成功，请考虑如何在企业外部为未来的项目寻找股权融资。

The 10 Principles of Open Business
Building Success in Today's Open Economy

04 | 网络化组织

定义

该组织被当作将内部网络链接到外部的平台,以实现共同目的。

开放式商业思维的第三项原则定义了开放式企业的组织架构,一个网络化的组织架构。其组织功能是作为一个平台把组织内部和外部联结起来,这是网络化组织建立的共同目的(参阅第 2 章)。

这符合并印证了我们对开放式企业的定义:利用可用资源让客户作为合作伙伴团结在一起,从一开始就形成有规模的参与方式,从而实现共同目的的组织。

"平台化组织",是这种组织的方法被广泛接受和提倡的另一种说法,甚至一些传统的管理咨询公司也接受了这种说法。

例如麦肯锡公司就指出当今最成功的组织就是"网络化企业"(the Networked Enterprise)。

雅克·博金(Jacques Burghin)和迈克尔·崔(Michael Chui)在麦肯锡 2010 年 12 月份的四季度报告中指出:

> 在我们的调查中,27% 的公司表示通过共享市场能够比它们的竞争对手获得更高的利润率……并且收益增长比其他公司更快。高度网络化的企业中有 50% 的企业绩效明显高于其他企业。这一发现表明完全网络化的企业可能会成为很多激烈竞争行业的标杆。

> 此外,在全网络化组织中使用协作技术的好处似乎是多重性的:这些企业看上去是"学习型组织",与所有利益相关方互动的经验,反过

来能够提高它们在和其他人互动中实现价值的能力。如果这个假设是正确的，这些公司的竞争优势将反过来加速网络效应，丰富网络连接，加快学习周期。

为什么要成为一个网络化组织

关于网络化组织的关键商业优势包括：

- ❖ 联结个人和团队——打破传统界限（例如不同部门和不同地域之间的界限）；
- ❖ 给全球的员工提供实用、快速和高效的利基技巧；
- ❖ 降低或消除产能过剩的威胁；
- ❖ 在组织实现与市场和客户的有效整合后，让组织更加贴近这两者；
- ❖ 使组织的知识潜能和知识流最大化；
- ❖ 提供了更大的灵活性，最小化威胁和破坏的影响；
- ❖ 其反应能力和适应能力是僵化和孤立的组织结构无法比拟的。

苹果公司可能不会呈现太多的外部网络面孔（这是公开的秘密——实际上其公关部门拒绝任何现任的公司高管接受本书作者的采访），但事实上它通过扩展 iPhone 和 iPad 功能已经实现了网络化，而且获得了极大的成功。

苹果公司资源提供了一个平台，使得外部组织（开发者、品牌公司、媒体公司）通过开发、营销和销售应用程序来创造价值，显然这样做的结果是用户觉得 iPhone 和 iPad 更有用。在苹果应用商店中，每个应用程序开发商将得到每次下载的销售额的 70% 作为回报。

通过采取这种网络化的方法，苹果公司能够为长尾需求提供服务，而无须承担建设工厂、聘用开发人员、评估所有 iPhone 和 iPad 用户潜在需求的风险。

这种网络化的结构能够使近乎无限的用户可以自主选择定制化的和个性化的

产品。客户购买手机和平板电脑后，可以在上面使用他们想到的一切功能。同时，软件企业和开发者也得到了一个富有创新的现成市场，而苹果公司在这里面得到了什么呢？截止到 2011 年 12 月，苹果公司因其应用商店在资本市场的估值达到了惊人的 70.8 亿美元。

并不是所有组织都准备尝试利用网络化结构带来的优势，像 IBM 那样的组织就发现自己在短短几年内成了少数派。在 2012 年 5 月进行的一项调查中发现，超过半数的企业 CEO（53%）计划用技术提高和外部组织的合作效率，而其中 52% 的企业 CEO 同时将他们的注意力放在促进内部合作上。在 2008 年，只有一半左右的企业 CEO 计划广泛联系他们的外部合作伙伴。现在，这个数字已经上升到三分之二了。

在这几年里，我们始终在思考、记录、分析从传统的组织转型到网络化或平台化组织所带来的变化。随着越来越多技术的发展，联结内、外部的需求的意愿也更加明显。

从某些方面来说，3D 打印技术的到来揭开了组织真正作用的面纱——平台或网络一直都是组织的本来状态，当我们的观点逐渐清晰时，组织自然也会回归其本来面目。

当我们谈论生产资料的时候，我们通常想到的是大型的生产机械，但是这与 3D 打印的设备完全不是一回事。

在规模化生产的时代，生产机械和流程之间的联结非常清晰。传统意义上的报社需要拥有自己的印刷厂，而且还需要一个完整的、生产内容的雇员团队，其中包括记者、摄影记者、编辑等。那么，哪一个意味着生产？印刷厂还是内容生产者？这两者之间被如此紧密地联结，两者共同完成生产流程。

而在互联网上，内容的拥有者就是创造内容的人。在现实中也是如此。在过去，很多作者是没有途径去与出版社直接联系的，但是现在他们有了，或者他们

04 网络化组织

至少可以通过网络获取平等的机会——每个人都有机会成为一个出版人。

对于现实中的工厂来说,生产线就相当于报业中的印刷厂。在当下世界,每个人都可以拥有自己的生产线(一台家用3D打印机)。真正的生产资料实际上就是那些提出想法、工艺和设计的人。

3D打印技术揭示了,对于组织来说,它们应当更多地考虑成为创客的支持者,而不仅仅成为他们产品的支持者。

* * *

菲利普·莱特(Philip Letts)来自一个发明世家。在过去二百多年的时间里,他的家族从生产平装日记本开始,逐渐发展成为一个成功的媒体帝国。

识别一个需求并且使用最好的工具来满足它,这种行为方式已经融入了菲利普家族的血液中。菲利普目前运营着一个高效的平台,这个平台的建立充分利用了日益发展壮大的网络化世界的巨大优势。

他的企业——blur集团(blur Group)不仅是个网络化组织,还为创建成千上万这样的组织提供了平台。

在我们关于网络化组织的目标陈述定义中,我们建议在你的商业生态系统中,员工应不超过十分之一。

菲利普说blur集团是"超过预期模式"的网络化组织,即通过仅仅50个员工来为分布在141个国家的32 000多家企业服务。

"我们提供高效的平台来为其他人提供服务,同时也为我们自己提供服务。"菲利普这样说道。每个月都有超过1200家新的企业加入进来。

菲利普的思维方式是通过数字媒体入手,达到打破传统媒体壁垒的目的。

他的成长浸润于家庭媒体行业,并在20世纪80年代末掌管了家族企业的分支机构CMI公司,一家集技术、出版与教育于一体的媒体企业。

CMI 公司是欧洲首个基于网络的企业，并于 1993 年被出售给高德纳（Gartner）公司。

菲利普后来又创立了一系列的技术企业，其中一家的业务是开发企业门户网站。

"想想早期的企业门户网站的情形，你就会发现当时企业的愿景就是希望能够实现组织网络化——当时就是这个想法。"菲利普说。菲利普实现了企业的 B2B 转型。

"B2B 转型，就是在它们的组织中进行网络化，以确保在一个特定的垂直行业中建立和扶持供需两方，"菲利普说，"在这个领域的工作教给我和我的团队更多关于开放网络或开放生态系统的概念，这更像是一个垂直的微观经济体。"

不久，他应邀在美国加利福尼亚州运行一个大型的 B2B 交换系统时表示："这非常有趣，因为它将世界范围内的几万家企业链接成网络一起合作。"

一家家企业就像拼图一样，因 blur 集团而聚集在一起。"我们帮助它们通过现金和易货贸易的形式在平台上交易。从有初步的想法到真正开始运行经历了相当长的一段时间。"他解释道。

"当网络技术，尤其是宽带技术越来越普及和使用更便捷时，初步的想法就产生了，每一个机构都更容易地彼此连接。当这一切发生的时候，组织结构开始产生变化。"

菲利普希望建立一个可用的、在线的、云端的平台来支持这一变化。但是以什么样的方式呢？他说道："我们决定聚焦在不同企业间提供穿针引线的服务。"

blur 集团——一个专业的、全球性的服务交换平台应运而生。它联结了全世界 141 个国家的超过 32 000 家专业服务提供商。

这一技术创建于 2006 和 2007 年间，并于 2007—2009 年开始吸引供应商陆续入驻平台，到 2009 年买家进驻。

专业的供应商被组织在一起提供各种服务：设计（包括广告、应用软件和网站开发、产品和印刷以及视频）；营销（包括客户获取、营销策略、公共关系和活动策划）；内容（包括版权、在线内容、印刷和技术写作）；艺术（包括 3D、摄影和街头艺术）；创新（知识产权、授权、构思）；技术（应用、数据、软件等）；法律（B2B、劳务、财务、特许经营权和所有权）；会计（包括财务规划和报表以及金融建模）。

被称为客户的买家们，包括像汇丰银行、《金融时报》、Paddy Power、GE 医疗和英国巴特林度假村（Butlins），等等。

首先，客户们需要在平台自带的应用上填写、提交一个在线简报来描述所需的服务和项目，这个简报是通过回答一系列问题而生成的。然后简报会被列在交换和贸易平台上，继而运行之后所有的步骤来管理这个项目。

系统会帮助买家缩小选择范围至六七个潜在的供应商。客户通常在 20 秒内就能收到数个回应。最后，客户可以自行选择两三个供应商。这一切都是在线完成的。

如果需要，欢迎客户进行面对面的会谈。但是菲利普表示在过去的四五年里，数据表明面对面商谈的需求在逐渐下降。

当供应商选定了支付系统，交易即时生效。平台支持将流程审核和在线讨论区作为附加手段来保证服务质量。

供应商由 blur 集团来支付，买家支付给 blur 集团，这种全程监管的交易环境为很多新的和小众商家降低了从买家获得酬劳过程中的风险。

平台最少收取利润的 20% 作为运营费用，它很合理，也是典型的中介收费模式。

即使一个项目需要多个供应商，买家也只需要面对一个供应商——平台。

这种商业模式，还会带来一些辅助收入，如客户的平台使用费以及近期推出的白金账号——针对需要提供交易数据和多用户环境的大客户所收取的平台使用费，但是作为平台的营收还是占据了收入的大部分份额。

这不是小概率。blur 集团目前已经在伦敦股票交易市场上市，预计 2013 年的目标收入为 870 万英镑，并乐观地预期在 2014 年翻倍。预计公司在 2013 年底达到损益平衡点，在 2014 年开始盈利。

到目前为止，平台上最大的订单金额为 500 万美元。

这是否可以作为一个证据来证明在今天，世界范围内都是如此情形呢？

"我们由衷地感到在沟通和交易的同时需要更加高效的贸易方式。对我们来说，服务看起来是最自然涉及的领域。在贸易中，企业在外部服务的支出远远超出它们做所有其他事情的花费。"

"我们觉得企业的 B2B 互动方式还是有一点过时，它们并没有真正转移到线上模式，最终导致现在的 B2B 并不是一个开放的、精英化的环境，而是一个受'你认识谁，你的规模有多大'此类想法驱动的环境。"

菲利普相信随着世界变得越来越数字化、小众化和全球化，旧模式将不再适合。网络化方式能够满足这种日益增长的商业民主化。

他提醒大家注意这里有大型的全球企业、中型的区域供应商和上百万家小型的本地供应商。

"如果我们能够把平台置于买家和卖家中间，保证交易运行得更加高效并获得成本效益，"他说道，"作为买家，我们都曾意识到交易过程的低效并希望为此做点相关的事情。如果企业没兴趣在运营、外部服务和外部资源方面持更开放的态度，blur 集团将无法存在。"这显然是相辅相成的。

04　网络化组织

菲利普视网络化组织为各种规模类型企业的重要原则。

"小型企业现在只要很少的专职内部资源就能够更快速地扩大规模，因为它们可以通过接入类似我们这样的平台之后，获取它们所需的资源，从而变得更加网络化。中型企业可以变得更加全球化，大型企业可以重组。"菲利普解释道。

那为什么 blur 集团会雇用员工呢？和其他网络化组织一样，需要核心团队来保障其核心竞争力。

blur 集团的结构分为三个部分：科技（数字平台自身的基本要素）、销售和营销（持续建设生态环境）和客户支持（培训和支持客户变成更加网络化的组织）。

为什么菲利普不使用自己的平台来获取需要的服务呢？他保留全职员工来维持自身研发能力的标准是什么呢？

"这是个很好的问题。我们的员工要同时运行内部和外部的项目。这种转变的结果就是在一个更加网络化的组织里，跨行业的项目管理是一个很重要的技能，"他说，"如果你即将拥有一个更加网络化的组织，意味着你将要管理更多的外部资源，而不是内部资源。正如我们所知的，这需要非常好的协调能力。"

问题是，在什么情况下你会顶住消耗巨大能量的压力而把任务回归核心？随着技术的提高，沟通中的摩擦会减少。这一情况会变得渐行渐远。

通过生产率、人均回报率等方面来衡量何时出现这种情况，将在网络化组织中变得越来越有价值。

"在这些模式中，你会更加关注指标。我们有一个全职员工负责全程关注内部指标。我们在持续关注我们拥有的所有资源，包括每一个员工的投资回报率。"菲利普说。

对菲利普来说，每一个全职员工的角色都非常重要。除了一小部分高度集中在核心竞争力以外，他们为那些过去觉得不可能但现在能够和外部组织做生意的企业提供了保证和支持平台。

"最后，这种通往网络化组织的转变意味着企业需要问自己一些很重要的问题，"菲利普说，"如果你有 1000 个员工，问问你自己'我们能不能够只用 300 个员工加上外部网络资源提供者来达到相同的效果？我们需要多久能实现这种转变？谁能实现这种转变？'我们作为一个平台提供者，希望见到更多顾问、更多组织变革专家、更多战略顾问开始告诉企业，怎样从有很多内部资源、防火墙、不动产等内部成本的传统的管理和控制模式，转变为更具流动性的网络化企业。"

谁能帮助你实现这个转变？可能目前没有足够的支持性资源。但这本书也许会带来一些改变，希望它能够实现这个伟大的目标。

目标状态 / 错误示范

你给你的企业打多少分（5 分制）

目标状态（得分：5 分）

员工在企业生态系统中的比例应低于 10%，剩余的合作伙伴来自企业外部。你的员工确保一个称职平台的运行，使得外部组织可以参与业务活动。

错误示范（得分：1 分）

你雇用员工就是为了实现企业的每个功能。

04 网络化组织

第一步……

如果当下阶段,你对你的企业评分很低,那么你可以思考:

① 企业的核心能力是什么?

② 除此之外,你的员工在做什么?

③ 你会怎么支持企业外部的合作伙伴去实现相同的结果?

④ 谁可以帮助你实现转型?你需要谁帮助你实现转型?

⑤ 你什么时候开始转型?

The 10 Principles of Open Business
Building Success in Today's Open Economy

05 | 共享性

定义

将知识以更简单和更开放的模式来实现内、外部共享。

The 10 Principles of
Open Business
Building Success
in Today's Open Economy

|商业新思维|

共享是协作文化的核心，是组织合作的原则。

开放式商业思维的这一原则，具有扁平化的组织结构和责任分配优势，并且能够使组织更多地以战略和目标为导向，而不是以管理和任务为导向。

共享性体现在以下几方面。

- ❖ 挖掘点对点的营销网络，降低营销成本，提高市场定位能力。我们的朋友最清楚我们的价值。他们不会和我们共享任何他们认为我们不喜欢的东西。如果他们这样做，他们在我们这里的声誉就会减损，这是他们犯错的代价。当O'Reilly去除了电子书业务中数字版权管理（DRM）中的不分享机制后，一年之内销量增长了104%。这主要是朋友之间的相互营销（来源：BoingBoing.com）。

- ❖ 提高组织的思想领袖形象。科尔尼管理咨询公司（AT Kearney）知识团队总监海伦·克雷格（Helen Clegg）说全球管理咨询组织开始做播客（可下载的音频内容），并且所有人都能通过它们的网站和iTunes获取。播客和外界共享的是关于全球化、可持续化和最新采购趋势的知识。维基百科、领先的社交媒体和在线研讨会也是科尔尼管理咨询公司常常采用的共享方式。

- ❖ 通过提供社会化的客体（观点表述、概念、目标、挑战、信条以及其他开启社交对话的内容）来打破内外部沟通壁垒，以此来激励合作。这意味着共同的意向、需求或者目标可以扮演一个组织者的角色，而不是通常的孤立的职能领导者。

❖ 鼓励信息的再利用。甚至是把某条信息贴上一个"标签"，将其置于信息孤岛之中的行为，可以通过使用多标签使信息被更多关心的人发现且传递给相关的人。这样一来，人们就能找到这些信息的新用法或者新的打包方式。

❖ 传递横向思维和新观点。如果你的工作是关于控制一杯啤酒顶部的泡沫，并把项目标记为"泡沫"，你就会发现一个在润滑油部门工作的同事同样把自己的工作标记为"泡沫"（一种对其业务有潜在危害的因素），这是一个很好的让你们从不同的视角在彼此遇到的挑战中找到价值的机会。在一家大型企业中，如果没有"共享"，你们可能永远都不会发现对方的存在。

❖ 增加价值的交换可以加强联结和建立关系。在上文提到的泡沫例子中，企业中来自完全不同岗位的人们可以发现彼此，共享共同的目标，并且把有价值的方法分享给彼此。他们建立了重要的新联结，突破了职能、区域和部门的限制。

❖ 降低成本，节约时间。共享性传递出合作理念，不仅可以帮助你通过分享问题更快地找到解决方案，还能确保你不会因为在一个相对孤立的环境中工作而不知不觉地重复劳动。在联合利华公司，欧洲负责冰激凌问题的小组甚至不知道在南非也有一个相同的部门，直到最初的内部社交网络平台建成，这才发现他们都在根据技术专家、企业家克里斯·索普博士（Dr Chris Thorpe）的方法研究相同的问题，索普博士曾是在1997年研发该平台的NoHo Digital小组的一员。

❖ 确保组织更快地共同学习。一旦联合利华的冰激凌技术人员攻破了他们的问题，他们可以即时向整个企业分享他们的经验。有效的标记能够确保这个信息有效地传递下去。这意味着发现最好的实践方法、不断改进它并及时地与需要的人分享。

- ❖ 提供了一个彻底重组资源的工具。对之有效的利用意味着人们可以被指引向他们最关心的问题，并为之付出更多的努力。这可以分派人们去他们感兴趣的岗位，不用鼓舞士气就可以使效率和生产率得到巨大的飞跃。

一个组织可能保守到只用电子邮件来实现共享性——知识和信息经常被混乱地列在附件里、不适当的标题行中，"抄送所有人"却使得所有人都觉得与自己不相关，而且很难有效地对这些内容进行搜索。

想象一下，通过实时搜索企业内部的每一封邮件，试图找到每个人在做什么的情形。显然，通过电子邮件的方法做不到。你的邮箱每一天都被大量的邮件淹没——再也不会用之作为参考——就像被塞满的文件柜却没有提供目录索引，这对信息来说相当糟糕。随着组织规模的不断扩大，直接找到知情人越来越难，通过邮件更难。不久之后，只有一个信息的黑洞不停地吞噬信息却提供不出任何有效的信息。

共享性的目标是改变这一切。其原则是鼓励你选择协作文档，就像谷歌文档（Google docs）一样，可以有多个人同时开始编写。文档会被标记在共享空间，确保有效地搜索和检索信息。

搜索基于两个必要的原因——寻找信息和人。很明显，找到其他致力于解决和你同样问题的人，是实现共享性目标所带来的好处。

如果组织设计允许团队以相对特定的方式组建，那么在此过程中就可以找到也在试图解决同样的问题的人，以及他们在其中承担的责任是什么，这样我们可以更快地找到解决方案。只有在一个扁平的组织架构下，这才能行之有效，否则那些将员工分配在固定岗位上的经理会阻碍这种探索，他们只在乎如何解决上级

05 共享性

领导所提出的问题。

如果这种自由的管理模式听起来有点乌托邦，那我们应该把目光投向 21 世纪成长最快的公司——谷歌，在那里，"20% 规则"是核心原则。

谷歌的每个工程师都有 20% 的时间专注于自己感兴趣而又不在自己本职工作范围内的项目上（请注意即使在谷歌也不是 100%）。虽然那些在自由时间进行的工作仍是与谷歌相关的，但比起他们被直接分配的任务，他们更有热情去做这些事情。

我们可以打赌，通过共享而激发这种热情使得项目得以留档并在内部讨论，并能吸引其他对此有兴趣的人分享他们的想法并帮助对方达成目标。Gmail（谷歌的免费电子邮箱服务）就出自这 20% 的自由时间。3M 公司自 1948 年以来也有着类似的"15% 工作时间"的做法，其成果当中就有无处不在的 3M 便利贴。

这种思维方式必然会摒弃依靠经理来管理员工的模式——至少是他们部分的时间——而且赋予了员工责任。真正由他们来决定那段自由时间做什么。

* * *

跨国企业福陆（Fluor）公司在全球范围内面向企业及政府的业务包括复杂工程、采购、建筑、运维项目等。对于福陆公司来说，如何在五大洲的 60 多个办公室的 41 000 员工中共享信息是其获得成功的关键。

福陆公司的总部坐落在美国得克萨斯州欧文市，拥有超过 100 个工程领域和 60 个科学领域的专业人员。他们通过一个名为知识在线（Knowledge Online）的知识奖励管理系统共享信息。

合作战略家杰夫·海斯特（Jeff Hester）在设计福陆公司知识共享系统中扮演了关键的角色。他最初是福陆公司竞争对手的一名工程师，有着非常丰富的小型初创公司的工作经验，不仅如此，这份工作还对他现在的想法产生了很大的影响。

杰夫在加利福尼亚州的洛杉矶工作，他在1988年进入福陆公司工作的部分原因是在那个初创公司中所学到的内容。

"我进入福陆公司工作的原因之一是我在计算机辅助设计（CAD）方面有一些独特的技能。"杰夫与其他人合著过一本CAD方面的书。

"我在工作中很早就把自动化技术应用在解决工程问题中了，"杰夫继续说道，"在互联网出现之前，我书中提到的项目主要是从Compuserve（美国第一家在线商业服务提供商）及其他类似的网络获得帮助的。我很早就开始使用在线的协作工具和人们取得联系，很清楚在线社区的价值。所以当互联网在20世纪90年代出现的时候，我非常感兴趣。"

他参与创建福陆公司最初的内部网并制定了相关的管理规则。

几年后，杰夫离开了大公司的稳定工作，作为第16号员工加入了一家软件初创公司，负责该公司的互联网工作。三年后该公司陷入了困顿，杰夫不得不开始寻找新的挑战。2001年，他受邀重返福陆公司来帮助建立新的知识管理系统。

杰夫和一个10人组成的小组一起工作，同时负责一个分布式控制的扩展网络。"我从事这项工作已经差不多12年了，"杰夫说，"我们的模式是建立一个实践社区（我们称之为知识社区）。我们相信应该由那些在各自领域有所建树的专家来管理社区，而不应该只是在象牙塔中掌控一切。在每个领域都有一个制定战略方针的负责人和领导者，来负责实际操作和战略战术的部署。多年以来这种模式一直运转良好。"

但是现在福陆公司希望在下个阶段纳入共享性。而实践社区趋向于围绕功能领域而建立（例如电子工程）。

"我们有全球的优秀领导者来制定这些功能领域的战略方向，他们了解可用资源以及我们需要什么样的关键知识和专业技术。实践社区是他们关注的焦点。"

05　共享性

杰夫说道。

他们因为聚焦于项目而拓展了途径。项目需要整合很多方面的功能，因而很少有独立的进程。2012年，他们采用了IBM Connections（在本书其他章节里会有更多的阐述）作为非正式的协作空间。杰夫表示，现在福陆公司已经开始把现有的知识社区整合进这个空间中，同时建立项目导向的社区。

这一进程让杰夫的角色发生了转变——关注于社会协作方向，特别聚焦在项目执行的流程中。怎样改进知识共享方式被福陆公司CEO及董事会主席大卫·T.西顿（David T. Seaton）定位为公司全球战略的关键一环。

"到2020年，我们将把规模翻倍，所以我们希望把交付项目的时间和成本减半。为了达到这个目标，我们必须非常高效地利用和再利用知识和经验。"杰夫说。

这就意味着最好的经验能够在实践社区建立并分享。但要想扩大项目社区，那就必须解决社区中存在的日常问题，另外，跨职能领域的合作也非常重要。

杰夫提出，其中需要消除的一个障碍就是人们通常高度集中于手头的任务，所以他们不会去想能够做些什么来帮助其他地方的同事或将来的一些项目。

怎样才能把共享性设计进系统？

当前（截至2013年7月）美国福陆公司已拥有若干个大型社区。员工们都会选择加入社区。在他们上传自己的简历后，系统会将他们的技能进行索引，让用户能通过简单的搜索即可查看他们的技能。不论关键术语在知识管理系统中的索引位置如何，不论是在哪个社区里讨论或者归档，系统都将会定位到相关的文件或者人群。

通过搜索让技能和知识对外可见（而不是湮没在邮件里）是共享性的基础。顷刻间，数据孤岛不复存在。

但是搜索需要过滤器。杰夫解释道："我们在专家识别方面的标准很严苛。每一个社区的领导者都是在全球范围内认证的一流专家，并且此认证会在他们的简历和论坛的用户名上显示。"

这意味着在社区里搜索或者提问的用户可以快速找到他们可以信任的信息。专业知识在搜索结果方面会进行加权。员工可以通过人群／话题／知识／新闻／链接进行过滤。

假设你找到了所需要的专业知识，福陆公司会做什么来支持你与专家们的协作呢？

"此处一些个人技能得以凸显。你可以选择直接与这名专业人士联系，向他寻求帮助。"杰夫说。

但是他也提到不是每个人都能在他们的搜索结果中找到一个他们可以放心联系的人。所以另一个选择是在社区里提问。现在的选择是谁会回应，谁不会回应，会回应的人自动被筛选出来。

特别主题的专家有责任及时回复。在福陆公司内部分享知识，也是评估你表现的一个维度。在技术领域，职业发展的金字塔尖上的人往往是技术总监和高级技术总监。

"技术总监有预算支持参加专业会议、撰写白皮书和开发新技术。"杰夫提道。

福陆公司避免对共享知识给予具体的奖励，而是侧重认可——在成功故事的扉页放置个人照片。当登录福陆公司的系统，你会看到企业新闻，报道某位同事如何分享知识，并附有成功的故事作为佐证。另外，公司还设置了同伴认可奖项——知识管理先锋。

"每一个员工都可以提名其他员工。提名人得到提名后，会收到一封温暖的邮件对他们的所作所为表示祝贺和感谢。每年的10月底，我们会对所有提名人

05 共享性

进行评估和评价（去年我们有 1000 多名提名人）。"杰夫表示。

获奖人（2012 年大概有 140 名）会在地方公司的颁奖仪式上获得一个证书，并且在他们的简介上保留一年的徽章。

"我们南非约翰内森堡公司的一名资深技术总监，已经在公司工作 30 多年了。他是一名顶级专家。他曾说他以为他不需要任何人拍拍他的肩膀告诉他，他做得不错。尽管如此，当他收到了提名邮件时，他承认提名还是让他很高兴的。"杰夫说道。

最艰难的部分是将仅限于知识和专家技术的共享性升级为时间和资源的管理。组织如何让员工能灵活地将他们的工作重点从日常工作过渡到互相协作上呢？

福陆公司期望员工也可以在公司认为的"加分任务"中付出努力。而这类工作往往不是他们的本职工作。杰夫承认："这类工作是否有预算，主要取决于项目。这是需要争取的。通常没有公开的预算，或者你需要立项才可能有预算。当你和公司的技术总监或者高级技术总监充分接触后，你会发现他们有时间完成这类工作。"

简言之，福陆公司已经成功为最专业和高效的知识分享者培养了分享的习惯。对于其他公司，培养这样的共享性需要成功的案例来支撑。

关于企业的共享性设计问题，部分在于如技术壁垒这样的小环节。人们都喜欢围着餐桌高谈阔论，聊天不存在技术壁垒。很多信息都是来自偶然的对话，而非主动发起的谈话。

我可能不会主动告诉你某事物"还行"（如昨晚的晚餐／电影／音乐会），但是如果我认为昨晚的晚餐／电影／音乐会很不错，或者是很糟糕，我会主动告诉你。我会认为这是你需要知道的信息。对你而言，我的体验如果仅仅是"还行"，这个信息也很重要。但是我只会在出于其他原因发起的对话中偶然提起。

杰夫在寻找消除发起对话的壁垒,从而可以介入偶然的对话。他举例说,Squiggle在合适的视频设备支持下,小团队可以互相查看对方的状态,通过视频(每几秒便进行更新)可以看到对方是在打电话,还是在办公桌旁边等。仅需触屏就可以邀请有空的人参加视频会议,并将其他相关的人拉进对话。

杰夫说:"我们面临的挑战是如何让人们分享知识变得更简单——该如何让分享方不需要付出额外的努力,以创造无阻碍的知识分享?我们在探索以下三种方式:(1)直接接触,我们正在探索由一名知识管理专家在一定期限内专注某个项目,并在项目中挖掘对后续项目有价值的创意;(2)个人参与,有很多人不仅理解知识分享对公司的价值,还明白知识分享对在公司塑造个人品牌的意义;(3)在某种程度上实现知识的自动抓取与分享。我还不确定可以呈现什么样的效果。我们在研究可再利用图书馆时无须再次验证信息即可被搜索和使用。随着时间的推移,我们可以揭晓信息的利用与再利用存在的深远价值。"

这种方式有点像将你所有可回收的知识放进一个桶里,其他人随后决定归类为哪一类的"有用"知识。

所有采用这种方式的系统都应该提防的是,弃物不一定是废物。少了这个大前提,一切都将变得没有意义。大家应该进行分类,并且不断地更新分类来避免出现这样的情况。其他、多重标签(或者索引)的归类赋予个人(或者团队)更多的价值。

杰夫是怎么评价成功的呢?积极参与度很重要,展现了主动性。但是参与并不等同于价值。他说道:

> 评估价值更棘手。我们尝试研究与重新创造知识相比,一个人下载知识平均能节省多少时间,但是数据的可信度不高。
>
> 我们渐渐发现,我们的成功故事、趣事更真实了。我们举办了年度成功故事比赛;每年11月对这些成功故事进行评比。其中有这么一个

05 共享性

例子:

我们的一名工程师在科威特做项目。我们在科威特只有 12 名员工——所以他在当地的资源非常有限。项目通常需要一些十分专业的设备,但是这位工程师说:"我认为可能有更好的方法来解决这个问题。"

于是,他登录知识管理系统,在上面提问,从三个不同的区域得到了专家反馈,拿着解决方案去见客户,成功取缔了一个大型设备。从而为公司节省了 7.5 亿欧元。

如果你的企业在分享方面还不活跃,你该如何激发大家的积极性呢?

杰夫建议先和企业内部已经通过协作分享经验的员工沟通。即使他们没有得到信息部门的批准,或者只是在智能手机上操作,但可以确定的是,他们至少已经开始帮助他人取得成功了。

了解清楚他们为什么愿意这样做,他们从中能得到什么。倾听他们的声音,也了解你该如何帮助他们获得成功。

* * *

经济学家、博主、技术专家 JP. 兰加斯瓦米是 Salesforce 公司的首席科学家、BT 的前任首席科学家,他对于分享型公司的要求差异有一套很有意思的说法。

JP 在印度出生,他说当他住在加尔各答的时候,在回家的路上碰见了一些朋友,邀请他们回家吃饭再简单自然不过了。

但是在英国,邀请朋友回家吃饭是一件很困难的事情。因为我们的食物结构很不相同:通常家里可能备着四块牛排招待四位客人。但是如果再来三位客人,分餐变得很麻烦。

印度食物主要以颗粒状为主,分餐很简单。食物结构也很适合分餐。

在开放式企业中,应该贯彻这种思维方式,采用更细分、更灵活的信息单元和发挥团队的潜能。

竞争通常被吹捧为成功增长的武器。在"大而不倒"流行起来之前……它们鼓吹（或者常说）要么打败市场，要么被市场打败。战场/竞争方式甚至在企业内部也非常奏效。历届英国政府都曾尝试在英国国家医疗服务体系（National Health Service）启动竞争，甚至还想在教育领域进行尝试。

例如，Emap传媒公司在其快速增长的年份里鲜有协作。它旗下的消费者出版公司（彼时曾经是，我职业生涯中曾有20年是在那里度过的）与几家摩托车杂志同在一幢大楼里办公。它们之间除了蔑视对方之外，共同的愿望就是打败对方。同职位的记者会为了最佳报道的荣誉彼此竞争。如果说他们必须共享什么的话，那很有可能就是与一家外国公司的陌生杂志合作。

尽管《哈佛商业评论》《维基经济学》均告诉我们，协作原则十分管用。

多年来，Emap的发展确保其在英国富时指数（FTSE）的最受敬佩的企业名单上保有一席之地。而其他的公司要么采纳了这种模式，要么独立完成了这种模式——推崇激烈竞争而不是协作，提倡"自我"高于团队，竞争高于分享。它们认为这十分有用。

但是它们也会自欺欺人，因为成功是相对的。它们可能现在的工作很令人满意，但是如果能采取一种更加注重协作的方法，是不是会取得更好的成效？是不是应该汇集和推广最好的办法来追求共赢，而不是把秘诀藏着掖着，导致有人输有人赢呢？

协作帮助更多人取得耀眼的成就，而竞争导致一部分闪耀的同时，而另一部分人活在惨淡的失败中。换言之，协作是扩大幸福感的更优方案。当大家士气低落时，业务上是很难取得成功的。

当然也可能存在非共享模式的用武之地：当企业内部呈多元化，截然不同的文化产生不同的收益，分散潜在的风险，那么非共享模式就变得很重要。以

05 共享性

Emap 公司为例，如果自行车杂志分享了它们的独家报道、联系方式、范例、行文风格、选图品味——那么所有的杂志都是统一的风格。而差异化往往会吸引读者的眼球，读者通过选择不同风格的杂志凸显自己的个性。

如果你想要持续达到理想结果（例如，你代理了同一品牌下的不同产品），建议进行内部协作。如果你需要独树一帜，建议进行内部竞争。

即使是内部竞争，协作也可以在其中发挥作用。它能帮助你打造一套完善的流程，用于达到不同但又相关的结果。在不同的情况下，一套完善的流程会带来不同的收益。

通过调研知识共享平台（Creative Commons）的活动，思考什么是可以在企业外部分享的知识，无疑是对大家有益的。通过简单几个步骤，就可以逐步提升共享性。

知识共享平台是一个非营利组织，其宗旨是"通过免费的法律工具分享和利用创意和知识"。知识共享平台"借力通用的研究与教育途径实现自己的目标，旨在驱动发展与生产力迈向新时代"。

它提供了另一种知识产权许可，即从通常的大企业默认的"版权所有"过渡到"版权部分所有"，帮助你进行安全的尝试。例如，可以明确若为非营利使用，内容复制是可以接受的。可以允许个人分享你的图片，但是企业使用必须付费。

美国总统的官网就是在知识共享许可下发布的。

葛兰素史克公司（Glaxo SmithKline）基于另一个知识共享许可分享了疟疾数据库（包含 13500 个已知抗疟疾活性化合物）。根据知识共享平台上的自有网站，葛兰素史克公司报道的案例研究披露，其已放弃数据的知识产权并刊登在公共网络上。葛兰素史克公司宣称：

> 葛兰素史克希望能够通过公开披露疟疾数据让更多的科学家可以研究这些数据，并且能够比我们更快地分析数据内容……这可以帮助人们

加速治疗药物的研发。我们呼吁其他的团体，包括科研人员和其他制药公司，公布他们自己的化合物和相关信息。

目标状态 / 错误示范

你给你的企业打多少分（5 分制）

目标状态（得分：5 分）

打造所有形式的知识 / 思想领导力的方式是简单快捷地进行公开发表和分享。每一份文件 / 资产应拥有共享功能。非营利组织知识共享平台就是其中的典型代表。

错误示范（得分：1 分）

企业创造的知识只会停留在企业内部。对外公布的知识都是在广泛的版权保护下进行的。

第一步……

如果当下阶段，你对你的企业评分很低，那么不妨从以下几方面入手去改善。

❶ 与已经在利用自己的工具和设备进行分享的员工交流。了解他们为什么这么做，并分析你怎么才能提供支持。

❷ 考虑试用知识共享平台许可协议。

❸ 找到爱分享的同事并给予适当的奖励。

❹ 了解提高共享性给企业带来的益处（例如更快 / 成本更低的项目交付）并

05　共享性

且评估其价值。

❺　为你期望实现的商业利益划拨预算。记住这个预算必须用来资助人才/流程/技术,或者是团队灵活性。

❻　制订一个以联通性(见第 6 章)为基础的计划。

The 10 Principles of Open Business
Building Success in Today's Open Economy

06 | 联通性

定义

通过开放的社交媒体将所有员工之间以及和外部联系起来。

如果共享性是协作文化的关键,那么简单地说,联通性是使这一切发生的联结保证。所以,我们可以简单地推论:联通性是技术和战略工具选择中相对简单的部分。

但事实上,共享性和联通性有着有机的联系,而不能被简单地区分描述出来。两者相辅相成。你联通的越多,可分享的也就越多;你想分享的越多,需要联通的也越多。它们相互间的关系就是推动协作和开放式企业的最好的驱动力。

如果你只是简单地给每个人的桌上配一部电话,再选择最好的网络提供商,那么你离有效地联结还相距甚远。如果对你的团队来说,电话都是完全陌生的,那么你收到的将会是灰尘而不是新的交易。

我们已经看到,很多公司只是通过简单地采购工具来寻求企业社会化技术解决方案是不够的。这种情况让人马上想到"本末倒置"。很多机构发现它们被技术绑架了——在精明的销售的游说下,以为真的可以按一下按钮就能让自己更加社会化。接下来它们将会被告知还有一种技术产品可以拥有洞察力……

当然,设备还是需要的,但是首先你需要的是有想法。我保证,这会让你在选择设备的时候做出更好的选择。

所以,开放式商业思维的第五项原则——联通性,并不是简单的采购正确软件的事情。

06 联通性

这一点需要强调的原因是，因为很多焦虑不安的管理者非常希望寻找捷径。他们知道他们必须开始让自己的企业内部运营得更有联结性。他们也知道与客户之间更紧密地联系非常重要，但他们不知道怎样才能达成这个目标。当一个技术供应商带来所谓的灵丹妙药，恰好迎合了一直令管理者焦虑不安的"社会化"问题，然后管理者告诉董事会他已经解决了这个问题，结果却是一切照旧。

明白联通性是组织架构设计的一部分，而不仅仅是 A 与 B 之间的物理连接，这是非常重要的。如果没有了文化转变为主的需求，焦虑不安的管理者们会使自己置于本该由 IT 部门负责和掌握的技术层面上，而没有创造新的价值。

再一次，我们请你对照这项原则给自己的组织打分。本章的末尾有我们提供的评测指导。

是的，如果没有以数字的方式去联结组织内部和外部，那么要达到开放所要走的道路还很长。但决定用怎样的方法去达成，应该是需要考虑的第二个问题。通过完成文化转变来成为一个有联通性的组织是第一要素。开启对话，通常需要从内部开始，并且必须跨越组织内部的界限来使有效价值规模化。

这种规模化的反面是不允许任何人利用网络寻找解决方案。在这种情况下，那些公司因成本控制而严格限制联通性。现在很多员工都有自己的智能手机，他们在任何情况下都可以找到跨越限制的方法。高德纳分析公司认为，2018 年已有 70% 的移动终端使用者在自己的私人设备上完成工作。

我见过一些公司甚至不允许员工在工作时间使用谷歌，这有点像在假装外部世界不存在一样。现在有些公司仍然不允许员工浏览社交媒体网站，但实际上那里经常有大量的信息流。组织中的任何人都可以以这些信息流为基础进行实时决策。我们有充分的理由认为，那些不与别人联系的高管可以被视为玩忽职守。

企业领导者必须贴近他的员工以了解他们的需求，贴近客户以了解客户的需求。他们必须掌握行业的脉搏、新兴的想法、关键人物、颠覆性创新、市场新进入者及相关领域的公众舆论。这些都是企业领导者需要知道的基本信息。所有的这些都会因为联结而降低成本且高效地实现。否则,信息就会传递得非常慢且失真。

"哦,但是没人在社交媒体中谈论我们的行业。"我听到卢德派们一直在嘟囔着。错!去看看吧,事实上我还没看到任何一个行业未曾在社交媒体中被提及。

"哦,但我没时间去做这些。"错!有效地利用社交平台可以使你快速获得相关的信息。而且大多数时候通过自己的智能手机,无论在出租车后座上、火车上或是飞机舱里,你都可以获取信息。

"哦,我让年轻人和实习生们去做这样的事情了。"错!你应该直接处理与主要利益相关者们的关系(例如员工和客户),那样才会耗费最少的精力并且把损失降到最低。

"噢,但是新技术对我来说太难学习了……"错!社交平台对用户极为友善。这就是为什么很多人不用看指南就能学会怎样使用。

去试试吧!如果不去尝试,就是对股东、团队、客户乃至对自己的不负责。

与其因为害怕而反对联通性,不如在工作中拥抱联通性,和你的团队一起朝着一个方向努力。

如果没有与他人的日常联通,我们的想法就不会得到发展和测试,进而我们对自己生存的生态系统的认识就会被严重限制。这个生态系统、市场并不是每年快速浏览一次就可以的。如果你想根据需求保持最佳配置的话,那么在这个你身在其中、不断变化的环境中,你必须能被听到并最大限度地予以实时反馈。

联通性是其中很重要的一个部分,它可以拓展组织获取信息并反馈并适应市场的能力。联通性为组织了解需求的变化、满意度的下降和新竞争者的出现提供了一个预警系统。

06 联通性

除上述之外，联通性使企业更加人性化。它使得你的客户和其他利益相关者真正地做到热情地参与其中，还兼顾了那些你的企业所依赖的人们。这消除了与内部和与外部的隔阂。自由使用数码工具能够在很大程度上实现人性化。简单地说，你的员工可以和他人对话，他人喜欢，你的员工也喜欢。你也应该喜欢，尝试着去做吧。

我们唯一担心的是有些员工会滥用这种自由。他们会浪费整天的时间在诸如 Facebook、Twitter 这样的社交媒体上或是花很多时间在内部社交网络上。但实际上，这涉及管理的问题，而不是技术或文化的问题。如果你选择了不合格的员工或是无法有效地管理他们，那么不要去责怪社交媒体。

好的员工，即你的团队需要的人，他们知道建立内外部联系以达成共同目标的重要性。如果你已经正确地实现了你的目的（原则1），你的员工肯定会是那种和你的组织有着共同目的且每天都全力以赴去达成的人。给他们提供工具以便他们更有效地工作，他们会以诚实而正直的态度为客户服务。

这归结为另一个我们稍后将会讨论的重要原则——信任。如果你足够信任你的员工，那么让他们穿上统一的制服，直接面对客户；如果足够信任他们，那么支付报酬让他们完成任务；如果足够信任他们，那么让他们代表你去和内外部联结。

当然，你首先要通过管理来保护自己——建立培训系统、制定指导方针和规章制度。此时要明白，这些只是你希望达到的文化转型的简单指引，是通往开放道路上的一步。

联通性将会带来如下强大的好处：

- ❖ 提供了信息分享和合作的网络；
- ❖ 诠释了开放性和责任性，提高了客户满意度；
- ❖ 提高了组织内外部意外收获和成功创新的概率；

- ❖ 使你的公司更加人性化——以大多数人喜欢的方式使业务个性化；
- ❖ 允许员工更有效地建立、加强和管理与客户和合作伙伴之间的联系——增加客户的保有率；
- ❖ 把组织和员工的个人网络联系在一起可以扩大集群影响能力；
- ❖ 保证信息和智慧的双向流动，实时增加市场知识。

全球知名的奢侈品牌博柏利（Burberry）已经被公认为第一个"数字端对端"的公司。该公司前 CEO 安吉拉·阿伦德茨（Angela Ahrendts）说："你可以全方位地和那些能接触你的品牌的人联系在一起。如果你做不到，那么我不知道你的商业模式在接下来的五年将会怎样。"博柏利的社交战略已经带来同店销售额 10% 的增长（来源：beingpeterkim.com）。

内部社交工具 Yammer 曾被全球 20 万家公司的员工使用，包括像 DHL、凯捷管理顾问公司、壳牌（Shell）和 7-ELEVEn 这样的公司。一份 Forrester 关于衡量社交工具三年带来的总的经济影响的报告中指出："在一家 21 000 名员工规模的公司中，有三分之一员工使用社交工具，风险调整后的投资回报率为 365%，投资回报周期为 4.3 个月和净现值为 570 万美元。"（来源：Forrester Research 公司）

联通性是一种开放交流的方法，它必须在组织架构中被呈现并贯穿整个组织架构。如果没有这样连贯的方式，当形成分散式人力资源模式的时候，企业将会受到规模经济的负面影响。

联结你的人并产生价值，这是卡罗尔·索米力克（Carol Sormilic）深谙的一种做事情方式。卡罗尔曾经为 IBM 公司工作了 30 多年，一路晋升到副总裁和 IBM 全球人力资源和网络进程的转型高管。她的家在康涅狄格州，但为了工作的需要，她会不间断地在欧洲和亚洲居住，这使她在联通性的需求和重要性方面有了独特的全球性视角。

她参与了第一台个人电脑的研发工作，并在准备应对千年虫问题（与 IBM

06 联通性

公司全球协作应对1999年到2000年因日期变更可能带来的潜在问题）期间成为IBM公司的一名主管。从管理如此庞大的全球项目中，她学到的经验在她负责转换所有内部系统的货币为欧元时被再次用到。她花了两年半的时间在巴黎负责这项工作。回到美国后她重拾了早先对IBM内网的兴趣，研究哪些程序和应用可以合理地转移到内网。

"我曾经仔细研究过我们是如何做事，以及如何更加合理、简单地解放员工的时间并聚焦在增加价值的事情上。"卡罗尔说道。

最近两年，她的研究已经帮助IBM公司内部的工作方式发生了改变。"我今天的角色是寻找不同的技术来把信息和专业知识投入我们的员工唾手可得的地方去。"她补充道。

这部分工作涉及建立一个合作架构。

"我们发现已存在一些特定的小团体，他们都在使用各自的方法和工具来合作。"卡罗尔说。

但问题是他们形成了自己的孤岛。如果两个小团体使用了不同的工具或技术，那么他们就无法与对方合作。答案在于好的项目规划中：制定目标状态、审查现有的活动和工具、评估差距，然后采取行动去填补。

"我们经常问自己，怎样建立一个创新的合作架构，怎样在合作中的不同方面选择最好的工具，让所有人使用同样的工具来实现跨边界、跨孤岛地分享，等等。"卡罗尔说道。

因为这样一个良性的IBM创新，他们建立了一个内部社交合作平台。

2010年卡罗尔去了中国，在一个全新环境中挑战她的观点——建立一个开放又彼此联结的未来工作场所。

"我在那里花了两年的时间，促使我更加坚信要在一个开放的环境中工作，并使用社交工具。"她说。现在卡罗尔已经帮助在IBM公司内部形成了一种联结模式。她是否从已建立的联结中看到了一个新兴价值的寒武纪大爆发呢?

"根据我看到的内容分享的数量、人际网络的规模、下载量和材料的再利用量,这些数据显示人们合作的范围相当广泛。"她说。

这些联结并没有止于公司内部。客户们和其他感兴趣的组织可以通过ibm.com参与对话并与IBM公司内部人员分享知识。事实上,外部平台出现得更早(在2008年),内部网络在一年后才出现。

内部社交平台与销售给客户们的一样,被很贴切地称为IBM Connections。IBM Sametime是平台里的另一款应用软件,是一个一直在更新的、拥有悠久历史的即时(同步)通信工具。

"当我们在1999年开始使用即时通信软件的时候,"卡罗尔说道,"它对公司来说是一个巨大的转变。人们明白了他们可以接触到公司的任何一个人,和他们联系并快速得到回应。这成了那些不被人们关注的员工(因为级别)的工作基础,因为首要的事情变成了他们如何快速地得到他们所需要的帮助。今天,IBM公司员工每天会发出5000万条即时消息。这表明了人们联通所发生的频率。"

卡罗尔自己就是扁平结构的证明,她是一个乐于回复消息的副总裁,无论这个消息来自哪个级别的员工——即使当时她还在厨房里忙碌。

"我有很多队友,他们可能来自印度办公室,也许是一个新员工,或是一个为我们相关项目工作的客户。如果他们看到我在线,就可以与我联系,向我询问问题。他们不用考虑公司内部的级别或者我当时的状态,他们只是觉得我可能知道答案,如果我不知道,我也会告诉他们可能的解决方向。我们每天都一起生活和呼吸。"她说道。

卡罗尔指出,因为联通性的建立,使得人们觉得有权并有能力去为他们的问题寻找最好、最快的解决方案——无论是去组织内的什么地方。

06　联通性

对一些高管来说，即使在家的时候也能被员工联系并需要提供快速建议，简直就是一场噩梦。其他人可能会担心，组织中的某些人可能会因为自己的专业知识而广为人知，并最终因为求助过多而超负荷工作。简而言之，IBM公司是怎样降低过多流量集中在少数个体所带来的风险呢？

"如果在一些特定的专题中有一位重要专家，而且他是唯一一位人们集中求助的人，那么他是有方法来管理这些渠道的，比如他可以在即时工具上设置'请勿打扰'或者标明他正在开会。

"你可以彻底离线，但有趣的是大多数人不会这样做。他们反而会选择明确表示他们现在的选择是什么。其他人看起来也很尊重这个选择。"

IBM公司支持员工选择分享他们擅长的领域，比如他愿意在什么时候，以什么样的方式去被联系，他们能够贡献多少个人时间。IBM公司发现在标准工具和程序被引入之前，人们已经开始使用自己的工具去开展类似的合作了。他们已经开始建立以联通性为导向的文化了。工具在很多方面已经为人们已经做的和想要做的事情提供支持，并从中发现价值。

这种必要性来自哪里？ IBM的需要来自成为全球化综合性企业的长远诉求。这意味着IBM公司不再需要在每个国家维持全维度（floor-to-ceiling）的企业架构，即设在每一个国家的分公司都有自己的人力资源、财务、完整的供应链、客户服务、销售和物流部门，等等。相反，IBM公司寻求的是一个拥有点对点的横向流程。

"相对于在全球范围内设立各种进行相同工作的姊妹团队，IBM所做的是将组织结构扁平化。它拥有点对点的横向流程，然后让与这些操作流程相关的人员在同一个团队工作，"卡罗尔说道，"我们在引入即时通信方面取得了成功，但当我们在整合成为一个全球化的企业时出现了很大的问题，'我们该如何应对时差？如何对待文化差异和语言差异？如何去帮助寻找世界各地的领军人？怎样去保证内容能够被重复利用，而不是每个团队都去重新制作相同类型的材料？'"

"我们必须去寻求那些团队能够联系到彼此并获取相关内容的方法。"卡罗尔提出。

IBM工作方式的改变产生了大量新的、紧急的联通性需求。这些需求从定义合作的过程开始，然后是对所有使用中的工具进行盘点和定义各种合作的需求状态：

- ❖ 我需要寻找信息或者专家来帮助我完成这项工作；
- ❖ 我需要去了解那些信息和那个专家；
- ❖ 我需要团队合作（去创造内容、分享内容、共同研究，等等）；
- ❖ 我需要识别和推荐相关的专家。

IBM着手寻找并确定可以成为公司解决方案的最佳工具，然后由IBM创新团队针对缺口来创建解决方案。

"我们有一个空间可以让那些早期使用者们去进行创新，这就是首席信息官（CIO）提供的一个技术采用程序（Technology Adoption Program，TAP），人们可以进入，获得空间，进行创新。大众可以对他们的创新进行评分，然后我们再研究怎样把这些创新投入生产或产品中。"卡罗尔说。

正是因为这些研究和创新，他们自己的联结平台就出现了。IBM成功的秘诀之一就是引进成套工具。

"IBM不会说'这是CIO说的所有你需要使用的工具'。我们选择其他部门正在使用的方法和工具，所以被推荐使用的是从其他部门实践经验得出的、代表了最佳实践的方法和工具。我们也许会从软件部门选择一个最佳实践，从咨询部门选择另一个……所以人们会看到他们曾经的工作被选为最佳实践，这对获得支持确实很有帮助。"卡罗尔说道。

正是企业的集体性知识为企业提供了建议。

"当人们花了大量的时间和精力为团队工作研究工具和方法时，突然被告知

06 联通性

去使用其他人的。这很难被认可。"卡罗尔警告说。

开放性合作除了任何"局外人"可以在 ibm.com 建立联系并上进行合作之外，还有数量庞大的"IBM 人"以个人和专业的身份活跃在 IBM 之外的其他社交媒体中，特别是 Twitter、Facebook 和领英受到广泛的喜爱。当使用社交媒体和同时在防火墙内外工作的人增多时——就像卡罗尔提出的工作社会化——一群有着共同兴趣的 IBM 人就会聚集在一起建立他们自己的基本法则，就像在 BBC 发生的一样——BBC 博主们设定了一套他们自己的规则。

卡罗尔说道："人们反复确认他们最初的规则指南，进行自我指导，然后以此为基础学习新事物，开放新空间。客户询问我们是如何引导我们的员工的，于是我们把这些规则指南发布在网上，以确保每个人都可以参考。"

最近，他们在其中增加了一个新项目，叫作数字 IBM 人（Digital IBMer）。

立足于 IBM 内网，IBM 公司员工可以来学习如何建立他们自己的数字高地。他们可以从 Twitter、Facebook 和领英上学习基础知识。他们还可以学习在一个社交空间应该如何做：如何帮助他人；如何有效使用社交媒体来学习；如何有效地与本小组沟通；如何有效地使用社交工具与全球分布式小组一起工作；如何保证自己和家人的网络安全。作为一个非常重要的步骤，所有的员工都被要求参加数字 IBM 人项目。

IBM 公司显然把联通性放在一个很高的优先等级，一直以来都很信任它并在持续不断地投入。在全球一体化阶段，很轻易就能证明联通性的绝对重要性。

我们已经可以看到它是怎样创造了一个新的软件平台和相应的解决方案，这个平台和这些方案已经成为对外出售的商业产品。

另外，还带来了什么其他的好处呢？

跨代项目（Gen-O）被定位为在写代码、维护和开发代码过程中促进共同项目的合作。它提供了一张评分卡来奖励和认可人们的贡献，包括他们写了多少代码、重复使用代码的频率（这些代码出现在更多点）、他们合作的频率。

"我们看到，完成项目所需的周期至少减少了30%。提高代码质量方面也有了明显的效果。同一社区中的一些专业人员可以给新成员提供更多的指导。"卡罗尔说道。这一切促进了质量的提高和员工个人的发展。

"你可以重复使用信息、代码或是目录，而不是重复劳动，这使得再利用的频率不可思议。"她补充道。

如今，IBM公司的一些衡量成功的标准已经将材料再利用、下载和分享的次数纳入其中。每一次重复使用和再开发都极大地节省了时间和金钱。

在"职业构建"（Career Builder）中提供了丰富的内容，等待着那些寻求提升技术的人们去学习，这也为人力资源和培训部门节省了开支。

"对我来说，更大的KPI是怎样联通我们——由人们的网络有效性来测定，我们能多快把信息传递出去，"卡罗尔说，"如果我们像大多数企业一样，来看看有多少人会读企业新闻，那会是一个很小的比例数字。当罗睿兰（Ginni Rometty，IBM主席、总裁和CEO）在她就任的第一天发布了一个视频播客时，72小时内观看人数就超过了50%（接下来的几天还有更多的人观看）。"

如果你能够在就任的第一天就接触到大部分的员工，是一种优秀的领导能力——和他们分享你的战略是什么，你怎样驱动业务的运转。

随后，罗睿兰建立了一个开放社区。在这里，她的视频得到了成百上千的回复，其中就有关于IBM可以做什么的重要想法，以帮助实现她的战略。

卡罗尔自己的组织化社区有超过800名分销商，其中四分之一的人甚至和她的职能工作根本不相关。

她在其中会发布她在会议中都讨论了什么。这意味着在她按下发布按钮的同时，社区里的每个人都能知道她在干什么、做出了怎样的决定、她将采取什么行动。

06　联通性

"我们不再需要等待一个星期,等把某人加入我的日程安排表才能和他对话。会议一结束,他们就对发生了什么事情有了自己的态度。"卡罗尔补充道。

联通性创造了一种更加积极的文化、更开心的个体,每个个体都能在工作中发现更多乐趣。

"如果有人说想要感谢我的小组成员提供的帮助,他可以把感谢信放入我的社交空间的一个被称为'嘉奖'的地方。接下来,组织内部的人们都会看到,那个人得到所有人的表扬。"卡罗尔说。

这对于像 IBM 这样有 50% 的员工分布在 170 个国家、不在同一个传统意义上的办公室工作的企业来说非常重要。当你无法去茶水间互相鼓励和祝贺的时候,全球的同事们可以在虚拟世界里祝贺并支持你。有 50% 的员工加入 IBM 的时间不到五年,在这样的组织里把员工团结在一起无疑是一个挑战。解决这个问题不能单靠命令和控制,而是需要靠联通和激活。

当然,之前已经存在一个促成这项成就的推动力。卡罗尔指出,大约三分之一的员工在这之前已经形成了一种合作的方式,所以这是一个先行推动力。

"接下来的问题是如何让公司的其他人也去这样做?这就像我们如何去推广使用数字 IBM 人一样,"卡罗尔说,"当罗睿兰成为 CEO 的时候,她从第一天就接受了这种方式。这不仅是接受,更是一种期望。她期望我们接受这种方式——用开放工作的方式来工作。"

无论是自上而下的方式还是自下而上的方式,都同样有效。

基于 IBM 的经验,一个庞大、复杂的跨国公司,需要规模化地实施联通性。卡罗尔在推动公司所有人这样做的过程中有哪些诀窍呢?

"看看你今天的工作方式,你怎样联系你的员工?他们是否能够找到专业人员;他们是否能轻易找到可重复使用的内容?如果答案是'否',就要开始想想现在使用什么工具?CIO 提供平台了吗——无论这个平台是什么?如果没有,那么你的组织想要挖掘集体智慧将会非常难。"

不积跬步，无以至千里。为了合作的进程，从社交媒体的使用指南开始。就像询问负责人一样简单，不要再发内部通讯了，可以用发博客的方式来替代——展示关注点，邀请人们参与。IBM公司学到非常重要的一课，那就是给人们提供一个新的简单的联结方式，并不会打乱人们已有的习惯。你在拿走他们常用工具的同时应该提供给他们一个新的、统一的工具。

"如果你只是简单地增加，他们就只会把它当作一个累赘而不会发现其中的价值，"卡罗尔说，"你真的要抓住机会，让公司所有人都能获得集体智慧。这不仅仅是社交或是娱乐，这真的是关于企业的开放式经营（即使在防火墙内部），并给人们渠道去联通彼此获取信息。这意味着你在给客户传递正确信息和专家支持方面要做得更好、更快。我相信那些鼓励开放工作模式的企业将会比传统企业有更多的竞争优势。"

目标状态 / 错误示范

你给你的企业打多少分（5 分制）

目标状态（得分：5 分）

　　所有员工每天都使用开放的社交媒体去实现外部联结，并能很好地利用全球网络的同步 / 异步机会。内部 / 外部沟通没什么太大差异。

错误示范（得分：1 分）

　　工作时间严格禁止使用社交媒体。内部沟通模式是从中心单向传播，并严格限制于内部。

06　联通性

第一步……

如果当下阶段，你对你的企业评分很低，那么不妨从以下几方面入手去改善。

- ❶ 设立一个榜样。你是否通过社交媒体去联系他人和获取你需要的信息？选择使用一个最适合你的工具。

- ❷ 评估组织目前使用的工具和程序。

- ❸ 为最佳实践提供证据和同等信息的决策，以建立一个适合你公司需求的社交协作平台。

- ❹ 为公司部署一个替换平台，而不是额外增加一个。

The 10 Principles of Open Business
Building Success in Today's Open Economy

07 | 开放式创新

定义

与合作伙伴共同创新,在产品、服务和市场的开发过程中共享风险和回报。

开放式商业思维的第六项原则——开放式创新的提出者亨利·切萨布鲁夫（Henry Chesbrough）博士对开放式创新的定义如下：

> 有目的地利用知识的流入和流出以促进内部创新，同时扩展市场以促进外部使用创新成果。

我们再次请你针对这一原则对你的组织打分，本章的末尾将提供帮助你完成这项工作的指南。

开放式创新及其方法论于20世纪50年代提出。多年来大部分拥有资源的大型企业都已经开始建立结构化流程来积极地将目光投到组织之外，包括其他组织或研究机构，如大学——以实现开放式创新。

然而将消费者和客户整合进创新流程中，在很多时候是随机的，通常也是在最基础的应用方面。

如果做不好则会被嘲笑为"群洗"（crowd-washing）——很少能够超越焦点小组或营销活动——其背后的驱动力只是表面上有客户参与，而不是与他们共同创造更合适的解决方案。

社交技术的到来降低了企业发现和联结人才的门槛，而不再通过其他研究机构来完成。他们可以实时、大规模地以低成本在世界上的任何地方这样做。这提供了一个革命性的机遇，为整合客户和他们通过线上互动产生的数据，直接或间

07　开放式创新

接地整合进创新流程中,从而实现创新的激发、验证和优化。

输出的不只是更多或更有效的创新,还有来自现在和未来的客户的更多的主人翁意识,因此会获得更多的支持——信任正在成为这个世界最有价值的货币,这一点至关重要。

对这一点理解得越准确,那对混乱的、昂贵的和无效的市场活动就依赖得越少——市场应当在创新流程而不是消费活动中构建。你需要改变思想,把人从被动的消费者转为主动的参与者。

最近几十年发展最迅速的创新公司,如苹果、Facebook 和谷歌都在持续应用开放式创新,而不是将其作为仅应用一次的技巧。它必须成为组织的 DNA。

组织必须被设计成为一个协作和创新的平台。为了与组织外部联合创新,可以很好地借鉴这些案例——苹果公司的 AppStore、Facebook 的开放应用程序接口(Open API)、谷歌的 Adsense 和 Adwords,这些都允许其他人参与,以向那些自己无法独立完成创新的长尾客户提供服务,从而更有效地服务更多的客户。

开放式创新不能一哄而上,否则这会导致像群洗那样的失败案例(营销人员通过 Facebook 民意调查等方式制造倾听的假象,而通常的创新则需要心若旁骛地进行)。

我们相信整个组织应当作为一个平台,利用其独特的经验与市场合作,通过开放式创新的流程来实现新的创新,相关的流程包括合作创新或者众包这类的方式。合作创新是与所有利益相关方合作创造的过程,而众包更多地关注于广泛地寻找具有技能的个人,以得到超出预期的解决方案。

很多大型企业都有过增加开放式创新平台数量的经验,例如 eYeka 或者咨询公司 IDEO、Face Group 或者 InSites,它们提供虚拟的、真实的或者混合研讨会和结构化开放式创新的形式,为创新流程提供全方位的服务。

很少有人能够将这些构成部分组合在一起,形成一个完整的系统,以维持一个伙伴关系的生态系统，持续不断地提供创新，使其既能产生衍生产品，又能将其转化为母体组织的产品。

为什么会这样？因为创新所需的管理变革、政治障碍的消除以及应对数据的收集、处理、合作伙伴的招募和管理中的不确定因素，都使全面变革的前景令人不安。

我们现在看到的是两个极端：对于市场占有者而言，可以通过开放式创新实现一个逐渐开放的创新流程；但是新进入者则是默认建立在开放式创新原则之上，去颠覆它们接触的每一个市场。

对于"旧世界"的封闭市场，采用开放式创新的一个巨大障碍，是担心失去控制以及围绕知识产权的保护主义。这一问题没有完全解决，除了"开源"技术运动，共享性和开放数据已经成为开放式商业原则的关键部分，还诞生了一些共享知识产权的有趣想法，合作创新者通过共同拥有知识产权来获得收益（包括风险和收益）。这取决于其参与的程度、最终结果的成功与否，以及参与的特定阶段。这需要建立完善的法律体系，但随着最具创意的消费者之间的竞争变得日趋激烈，这一点也变得至关重要。

总而言之，这就是分担风险，同时奖励参与——包括组织内部和外部。

目前，这在大多数公司中只是部分得到了实现。有一些公司对于消费者关于产品的建议会给予利润的分享。

但是这仅仅是为了奖励那些提建议者。因此，最好有一个适用于众包的模式（奖励众多建议中最好的那一个）。共同创造是通过引入更多的人共同参与，实现合作的方法。在不同的阶段会有不同的利益相关方。有些人之所以只参与其中一个阶段，也许是因为没有时间、精力、经验或者参与渠道。而另一些人则可能会参与整个过程。

在一些案例中，奖励并不容易实现，因为没有一个明确的"好主意"贡献者。共同创造的知识产权需要很多人真正的分享。简单要求每个人就其贡献签字移交，既不合理也不会吸引那些真正能够帮助你的人。

因此，需要以法律的/商业的原则为基础，并根据贡献的细节对贡献者予以奖励。同时应当考虑他们的意愿来决定其参与项目的程度。这些可以通过民主的方式来决定，奖励的分配由参与的社区来决定。

有一件事情是确定的，那就是寻找组织中最好的和最相关的思想者和贡献者将会更加困难，因为越来越多的公司通过流程也能发现这些机会。如果你正在争夺时间和精力的话，那么你还需要提供激励机制。

图 7-1 是由杰米·伯克（Jamie Burke）和斯特芬·哈克（Steffen Huck）创造的知识产权共有模式（Co-IP），描述了知识产权共有或共同拥有专利（co-patent）如何与知识共享平台共同作用（为了共享的目的）。

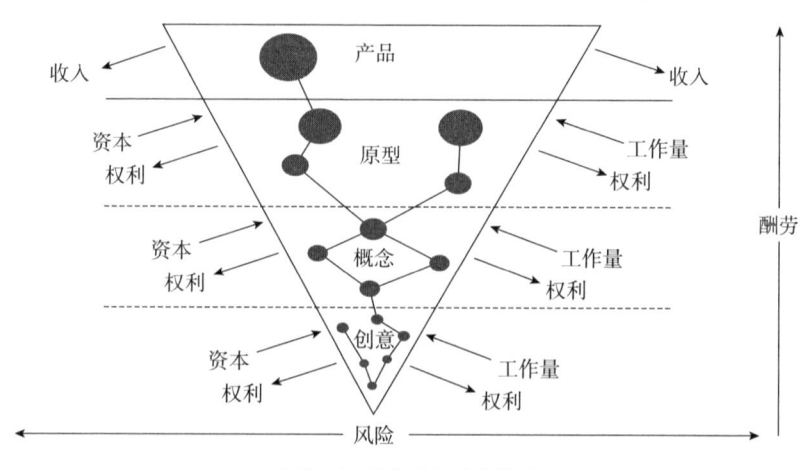

图 7-1　知识产权共有模式

那种关起门来创新以及偶尔与焦点工作组交流的方式必须改变，因为这种方式已经无法跟上那些全方位网络化、面向市场开放合作的组织步伐，也无法达到同等水平的转型创新能力。

开放式创新不是将你的组织交给公众，而是以一种结构化的方式与你选择的代表共同合作，从而将他们的需求、想法和意见整合进你的团队智慧和团队知识资产中。

如此，你将会：

- ❖ 在创新的受益者中分散风险；
- ❖ 降低创新无法适配市场需求的风险；
- ❖ 发展客户在创新之前的拥有权；
- ❖ 允许外部创意在流程中尽早呈现；
- ❖ 扩展有效创意的形成和发展。

你能为其标一个价码吗？当跨国农业企业先正达公司（Syngenta）采用了开放式创新流程，Forrester比较了其与传统关门创新的企业对经济全面影响的差异，发现该公司两个月内投资回报率高达182%。除了财务方面的回报，这项研究也发现在效率、降低成本以及生产率方面的明显提升。

通过西班牙的 Open Basque 项目，路易斯·贝拉萨特吉（Luis Berasategi）和爱德华多·卡斯特利亚诺（Eduardo Castellano）致力于找到在本地区有效部署开放式创新的指南和流程。他们在蒙德拉贡公司（Mondragon）的支持下开展工作，该企业每年在该地区有200亿美元收入，员工大概有10万人。

蒙德拉贡是西班牙的第四大公司，创新已融入其血液，每周都会有发明专利备案。

它们采用的模式是由一家非营利研究机构 IK4–Ikerlan 开发出来的，并正在该企业集团最大的连锁超市 Eroski 实施。该模式致力于在鱼类贸易市场中尝试与消费者共同创造。在本书写作的过程中，研究者还在等待结果。他们建立了一个社区来帮助公司定义需求，如销售产品、服务和渠道的类型、在一个门店开展测试和学习并复制到该企业的其他卖场。

本模式通过与蒙德拉贡旗下众多的具有有代表性的公司合作共同完成。

简单而言，于 2013 年 1 月第一次发布的这一模式，建议从启动之时就遵从以下三个阶段。

1. 发起：

- 定义初期目标；
- 确定核心团队成员；
- 明确孵化这个项目需要多长时间。

2. 设计：

- 确定必需的能力；
- 确定利益相关者的角色（发明者、转移者、财务支持者、联结者）；
- 定义合作策略；
- 确定资助来源。

3. 创建/成立：

- 建立目标/商业模式；
- 建立协作流程；
- 拟定合同和协议；
- 建立法律和财务结构；
- 定义如何实施管理。

研究者认为不应视其为一个规则的集合，而应视其为指南，建议希望初步尝试开放式创新的人，首先需要通过企业正在进行的积极的创新流程分析他们已有的方法。

"我们至少能做什么？首先发现你想要做什么，然后确定你已经做的事情。他们可能有帮助？然后我们看错过了什么，并弥补这些缺陷。"爱德华多说。

很多企业已经将开放式创新作为其运营的核心，很难想象接下来我们要讨论的品牌没有开放式创新……

* * *

移动网络公司 giffgaff 是英国发展最迅速的企业。位于大伦敦区域的阿克斯布里奇的新办公室就是证明。互联网行业相对其他行业而言，开放式商业思维的 10 项原则是其核心灵魂。我们认为这不是一个巧合。

这是由清晰的目的驱动——行业发展的正确方向。

网络化的组织——客户是其直接销售人员、市场部门和（令人印象深刻的）客户服务部门。

这一行业的发展是基于共享性的原则——业务是建立在点对点的推荐和分销上。

会员至上的模式已得到蓬勃发展，以至于在会议中不允许使用"客户"这个词，而使用"会员"一词。

很多决策都是透明的，团队致力于更透明。

而这 10 项原则的最佳典范就是开放式创新。

很多人可能听过戴尔公司的创意风暴（IdeaStorm，即戴尔的社区合作平台）——它是与消费者联合创新的典型案例。但是 giffgaff 的 CEO 迈克·费尔曼（Mike Fairman）以自己公司社区产生的创意为傲，相比之下戴尔公司的工作黯然失色多了。

为了保证开放式创新行之有效，你必须信任你的客户——对于 giffgaff 来说是其会员——这也是 giffgaff 故事的起点。

07　开放式创新

2005年，O2公司曾是有英国移动市场的最大品牌，但是为了保持持续增长，它必须寻求拆分相邻业务。第一个被拆分出去的是宽带业务，后续拆分的业务还包括金融服务等。为此，O2公司成立了一个新的业务部门负责思考下一步该如何做。

一个团队成员的创意最终导致了giffgaff的成立，这名成员就是加夫·汤普森（Gav Thompson），他现在是O2公司的市场创新总监，也被认为是giffgaff的创始人。

在从美国出差回来的飞机上，加夫将他的想法写在了一张纸上（很多好的想法都是这么开始的）。

迈克向我们讲述了这个故事："加夫在美国参加了一个乏味的Web 2.0会议，那时奥巴马刚刚通过社交媒体成功当选美国总统，开始了他的第一个任期，而维基百科（Wikipedia）也正处于上升阶段。于是他问道：'为什么不能有一个基于同类想法的移动业务？'"

当时的移动业务还没有实现与客户协同工作。

"如果你观察信任度（Trust）、净推荐值（Net Promoter Score）和客户满意度（Customer Satisfaction Index）等指标，移动运营商比房地产商的排名还低。"迈克解释道。

缺乏信任是长期不良行为导致的——合同制定、复杂的收费标准、无理由涨价、昂贵的携号转网费等，他补充道："它们过去的行为以及对客户的态度导致它们非常弱势。这些行为已经持续了很多年，行业的信任的级别非常低。"

加夫·汤普森的梦想是能够建立一个与会员互动的移动网络，并对社区完成了以前都是由员工完成的工作予以奖励。他认为需要有一个人们希望参与进来、并且希望以新的、完全不同的方式来做事情的空间。以新的、不同的方法工作，可以重建信任。

我们一直认为，只有在开放的环境下才能建立信任，这也使得giffaff可以与其客户更广泛地交流。

"通过一对一的交流建立起来的信任无法实现扩展，因此需要一个平台可以支持会员之间的交流，以帮助他们之间建立信任。"迈克说。我们将在第11章描述这样做的挑战，并且可以看到是如何运用零时真相（Zero Moment of Truth）的。

"加夫带来了这个理念。尽管董事会发现这实施起来很困难，特别是从内部做起，但是它们认为这是一个好主意，在英国市场上是有空间操作的，"迈克继续讲道，"而且移动市场的发展趋势是，那些大的传统品牌和移动虚拟网络运营商（Mobile Virtual Network Operators，MVNO）共同合作，它们会很快占领整个市场，例如维珍集团、乐购公司等。"

由西班牙电信公司（Telefonica）旗下的O2公司希望能够利用MVNO模式实现增长。

起初它们考虑建立一个O2的子品牌，但是董事会觉得业务差别很大，决定成立一家新公司——giffgaff来开展业务，并以"你自己运营的移动网络"为宗旨。giffgaff这个词来自苏格兰英语，意思是"互相给予"。

"它们非常擅长促进内部企业家精神，"迈克说，"它们说，'我们会把它视为一家初创公司。'他们对我说，'去建立公司，但不能挖走我们的人，不能（除了很少数量的）用我们的IT路线图、团队或者资源。'所以我们必须从头开始。"

因此，作为初创公司，giffgaff拥有自己的办公室、员工和管理架构。

"董事会主席是我的老板，我们每个季度和O2公司有一次指导会议。"迈克说。这是一家在英国运营的、独立的O2全资子公司。

对于giffgaff不是特别必需的资源，可以共享母公司的——"我们没有自己的律师和人力资源管理团队，"迈克说，"吸引我的是，我已经在O2公司做的两件事都是前所未有的。我建立了在线渠道，并且慢慢发展壮大。第二个就是开展了

07　开放式创新

宽带业务,颠覆了公众认为移动运营商仅仅销售移动产品的看法。"

"我运营这家公司只有18个月,曾与内部沟通团队就论坛进行了一次有趣的争论。当我们开展宽带业务的时候我建立了一个论坛,我们很快发现这是一个倾听客户的最聪明的办法。"迈克说。

很快这个团队发现他们也可以从论坛中直接获得好的新创意。

迈克说:"有时候你也会从中发现问题——比内部系统要快得多。"

他很自然地认为通过论坛与客户沟通,可以促进与客户的交流并且与他们充分讨论。

这个简单的想法导致了与内部沟通团队长达六个月的争论。他们的观点是,任何员工在论坛上发布一个帖子,就相当于发布一个公司认可的新闻,应当同样加以控制和管理。

"他们甚至希望控制发表在论坛上的每一个词。"

迈克发现了一个机会能让他发展宽带业务,即利用与社区的合作,在giffgaff推动宽带业务,而不是等待O2公司的批准。

"这里所有事情都是与社区相关的——都是与客户共同工作相关。"

迈克在第一时间听到加夫的建议后就极为关注,部分原因是他希望利用论坛在他的业务中创造价值。他非常清楚地表明他的兴趣,然而经过三个月,他才获得董事会的批准邀请加夫创建giffgaff。

"在一家大公司从头开展一个新业务的工作是非常艰巨的,其实你也很少有机会去创造一项崭新的事业。因此,这是非常令人激动的。"迈克说。

创建一种新文化是众多挑战之一。giffgaff的一部分工作是完全不同的,作为挑战者,giffgaff不能像大公司一样工作。如果迈克所有的工作是从移动同业企业借鉴的,那就有创建一个复制品的风险。他说:"可能是因为三分之一的人员来自O2，不到三分之二的人来自移动运营商，剩下的员工也有着不同的背景。因此，首要的工作之一是尽快搬出母公司的办公室。直到2012年10月，我们一直在一个非常小的、位于比肯斯菲尔德镇的16世纪木结构的建筑里工作。"

"我们经过深思熟虑选择这个地方作为办公场所，是因为它能帮助我们以不同的思维方式思考。"迈克说。他希望保持与众不同。

"这不是一个正式的办公场所，而是一个有创造性的空间。一个开放的环境可以促进我们共同工作。我们要做的一件事就是如何能够让我们的会员一起参与进来——更频繁地吸引他们来办公室。"迈克说。

创意的产生是一个重要的部分——而这只是giffgaff社区的任务之一。

"我们最基本的原则之一就是与会员共同工作，我们称他们为会员，而不是客户。"迈克说道。

为了让每个人都重视这一点，在我和迈克的桌子旁都放着一个可以发声的号角，如果有人说了"客户"这个词，号角就会吹响。每个会议室边有一个这样的号角。

它们可能只是起到简单的提醒作用——它们并不经常被使用——会员和客户是完全不同的。

"客户从你那里购买商品，会员与你一起创造。"迈克说。这样的在线社区才是giffgaff成功的保证。

"实际上，我们决定在产品生产之前就发布，发布过程可以在一个简单的网站上进行。我们在网上说'我们要开始做一个与众不同的移动业务，如果你感兴趣就加入我们。我们会保证你随时了解最新的进展。'"迈克说。

这个信息也通过其他相关社区传播出去，这样一来，giffgaff就能在产品发布之前获得一个活跃度很高的社区。

"结果,当我们真正发布移动服务的时候,社区中感兴趣的人熬夜关注网站的新产品发布。他们几乎整个通宵都在阅读条款及细则,直到凌晨5点,他们还在那里积极回答其他社区成员关于条款的问题,这非常棒。"迈克说。

但做到这一点并不容易,因为大部分论坛都失败了。迈克警告说:"没有什么比发现数字领域的风滚草更差的,如果你没有机会得到答案,你也就不会去提问。"

提问与回答问题——特别是在客户服务支持过程中——是 giffgaff 商业计划的重要部分。

迈克说道:"我们希望社区可以做三件事情:第一是回答其他会员的询问;第二是希望通过展望、推荐和递送 SIM 卡来发展业务;第三,也是社区战略,即社区作为一个创意论坛,是加速开放式创新的地方。"

任何注册 giffgaff 的人都可以通过向其他客户介绍服务来获得收益,很多时候通过口头推荐就可以。

"如果你为我们招募会员,你就可以通过一个积分系统获得回报。"迈克说道。

提问与回答都非常成功。论坛中有上百万的讨论,谷歌上的搜索条目数以百万计(引导搜索客户到 giffgaff 网站),对于一个问题的平均回答时间是 90 秒。

"第一个答案可能不正确,但是每个问题都会得到五六个答案,总有一个是正确的。这里有一个相当强大的自规制系统,如果有人写了错误的信息,另一个社区成员会迅速更正。最有意思的事情是,大量的问题是关于手机、操作系统和我们的服务的。你不能就所有的问题去培训客户服务机构,这是不可能做到的。所以你必须围绕着客户呼叫中心建立各种类型的、基于知识的系统,以便能处理这些问题,迈克兴奋地说,"在社区中,虽然我们不知是否有会员知道所有问题的答案,但是对于一个特定的问题,至少有一个会员会知道。"

他知道社区也有局限性，既不能处理个人交易数据，也不能处理账单事宜。这些由客户中心的一个小团队处理，虽然只提供在线服务，并且是外包的，但这是 gaffgiff 自己的团队。

"只提供在线服务，"迈克强调说，"我们没有一个客户服务电话——我不认为有任何一个移动运营商敢这么说。"

如果一个会员直接向客户服务中心团队提出一个社区可以帮助回答的问题，他们就会被重新引向论坛。客户服务团队会说："我们建议您在社区中询问。"

giffgaff 经过一段时间建立起了一种机制，来帮助社区成员通过贡献回复得到回报。

"我们刚刚发起了一个'帮助者校准'制，类似于分级机制，必须通过考试才可以提供帮助。"

一个排名系统为参与者提供认可徽章，促使人们更多地参与，但是帮助者校准制需要投入更多，包括需要通过在线教程测试。

为什么人们会参与？因为他们可以通过贡献社区而获得更多的回报，而且 giffgaff 还在考虑如何利用这一分级机制最终帮助人们在 giffgaff 获得工作。

每个回报点的价值是一分钱，目前的最高纪录是 2012 年 12 月一个会员在六个月内获得 16 000 英镑。

"如果有人参与到业务中，并且对于业务有很好的了解，那就值得雇用他们。"

迈克特别提到了团队成员之一——丹尼尔，他们的应用程序开发者。"他曾经是社区的一员，并写出了第一个 iPhone 应用程序。最后有六个人参与完成了程序开发，而他的是最好的。因此我们雇用了他。"

giffaff 知识库类似于维基百科——通过一个"知识园丁"的团队保持实时更

新。他们被授权进行评估和写作,这也节省了两三个需要支付工资的岗位。

所有这些似乎是一个获取社区知识并奖励其贡献的强大方法,结果是更加准确和快速地提供答案。

你可能会问——为什么税务部门不去试一下这种方式?

"我们也问自己为什么其他行业不这么做?对于我来说,从建立到运行这一机制,这为每个人展现了未来的方向。"

"做这件事情最大的优势是企业和客户达到了双赢,它帮助组织将那些无用的人驱逐出组织。"迈克说。

到目前为止,giffgaff 的客户被称为会员,他们会因积极的参与而得到奖励。但是是否还有其他方法可以让 giffgaff 帮助会员成为企业真正的主人翁?一个组织有哪些局限性,尤其是当它受一个巨型组织控制的时候?

"这全部取决于公司治理,我们确实隶属于另一家公司,因此,尽管我们可能无法建立全面的合作模式,但我们已经尽我们所能走得更远。"

迈克认识到完全采用会员至上的原则可能会颠覆这个模式,但是他所做的对于公司的专有知识是最有价值的。

他笑着说:"建立移动互联网是最昂贵的工作。"

健康的社区很少能自发形成。迈克拥有一个社区管理团队来帮助社区顺利运作——主要通过与社区中的超级用户一对一互动的方式。

一个重要的认知是鼓励新的会员参与是非常重要的,剩下的就是帮助社区成为一个温暖且受欢迎的场所。

"为了顺利地开展工作,不能一味地增加社区管理者,你必须依赖社区进行自我管理,这样才能降低成本。"迈克说。

文化的另一个重要方面是，giffgaff在会员利用品牌时给予其充分的自由和信任。

"你必须有心理准备来允许会员使用你的名字和商标，允许人们自由地从网站下载图片来开展工作。"迈克说道。

当然，这里还有一些限制。如果一个网站假冒giffgaff销售会员制SIM卡——这将误导潜在的会员，此时，giffgaff需要采取相应的保护措施。

所以它们的合约条款规定，不能通过冒充giffgaff来欺骗别人。如果品牌被以侮辱或者贬低的方式运用，giffgaff也会采取行动。"但是实际上，这些情况都没有发生，"迈克说，"对于品牌变革，我想到一件事情就是，传统的市场渠道以前认为——其中一些人依然这么认为——它们控制着品牌。"

"事实上，它们从来没有控制品牌，它们可能仅仅控制了如何印刷，或者在电视广告上如何展示，但是事实上品牌是通过人们在大街上讨论、称赞、批评或者其他方式提及得以推广的。品牌存在的本质是人们如何交流它，这是无法控制的。"

现在，同样的交流正在以可见的方式在社交媒体中发生，这也更加证明了你是无法控制品牌的。

迈克认为现在对品牌的控制并没有减少，只是市场渠道害怕如果它们减少控制之后，品牌可能不复存在——以他们希望的方式定义它。

"今天的品牌并没有以其定义的方式存在，而是更多地以企业的行为方式存在。"迈克说。

对于迈克而言，企业行为必须与其目的一致。以giffgaff为例，必须展示其领导和合作能力——自然而然就会带来利益。

"领先？我们对于新事情都会做到极致。合作？与会员共同工作。利益？通过做以上两件事情，你可以为企业和会员带来更多利益，"迈克说，"例如，如果我们与会员共同工作，要考虑的第一件事就是如何为提出建议的人带来收益，以及如何为会员群体带来利益。"

迈克举了一个例子。如果 giffgaff 销售移动广告——目前还没有——或者销售匿名会员数据，首先想到的就是要与会员共享利润。如果证明获得收入不可行的话，那就降低成本，这样会员们也可以从中获益。

"对于挑战我们关于'如何同时保证我们和会员的利益'的反馈回路，是嵌入我们的文化当中的根深蒂固的观念。"

通过社区与会员建立紧密的联系，一旦 giffgaff 偏离其原则时就会给 giffgaff 提出警醒。

"如果我们做了任何会员不喜欢的事情，我们很快就会知道。通过博客的每一次点击（我们从来不做纸质出版物），我们大概只需三分钟就可以收到反馈。"迈克说。迈克在大概半天之内就会知道决定是什么。

O2 团队对于这些情况充满羡慕之情。迈克正在获得最重要的客户信息并在此基础上进行更加准确地创新，同时进一步缩短创新的流程。

"他们确实在观察，我们也在帮助他们，问题在于高管们能看到这些，但是作为一个大型组织却很难快速改变。"迈克说。

当 giffgaff 需要做出重要决策的时候——如果还没有一个确切的想法——它就会出去社区与会员交流，寻求建议。如果有一个清晰的想法，但因为实施方法受到财务的限制，giffgaff 也会咨询社区。

"在我们提价之前（或者降价——确实发生过），我们都会去论坛咨询。2012 年 11 月我们就曾经咨询过每月 10 英镑享用无限数据的服务前。智能手机用户数量的增长意味着对数据量的需求不断增加，导致我们决定做出其他选择，"迈克继续说，"我们给每个人发了短信和邮件，说明我们正在做咨询。我们发出博客公布结论后，论坛还继续讨论。"

一些人会担心这会给潜在的竞争对手提供过多的信息。

"在这个行业中，你可以隔几天就改变价格——如果你想的话。我们提前一个月宣布改变价格的想法，并公开征询意见。是的，这可能有风险，但是我们认为收益大于风险。这样做的优势在于，你可以获得更好的反馈。如果你持开放的态度，就可以与会员进行更合理的交流和沟通。这些都是难以置信的、充满智慧的交流，是关于成本、法规以及其他方面的交流，"迈克说："一般来说，通过让客户参与，他们知道你要做什么，他们也会知道你为什么以及什么时候做，这样他们就会有更高的接受度。"

giffgaff也遵循共享性原则——这有助于企业的成长。建立一个会员招募会员的机制，即"传播giffgaff"，允许会员获得使用品牌标志的权利，他们也会愿意与同伴进行分享。

"人们喜欢我们采用哪种方式，建议就会以此种方式提出来，我们只是跟踪这些建议，并为之提供奖励。"

当然如果人们不喜欢，朋友之间的建议几乎是不可能的。会员招募会员计划只发生在客户喜欢的产品和服务中。

"我们只是提供工具，帮助他们更容易地在街边给自己的朋友一个SIM卡。"

每个会员都有一个个人链接指向订单页面，如果会员写了博客，或者更新了Facebook、Twitter，并附加了这个个人链接。假如有人点击了这个链接，会员就会因此获得回报。

"任何人都可以使用论坛发布自己的创意，如果被其他人关注，那么他也能获得相应的积分。"迈克说。

高级团队每个月两次会审查这些达到一定阈值的创意，并为之提供反馈。你

07 开放式创新

获得的积分将会转换为社区的奖励。在某些情况下，你可以通过给予奖励积分来表示感谢，但是如果一个人可以有能力实施这个创意，那么他可能在 giffgaff 获得一份工作。

创意委员会（The Ideas Board）已经产生了 9500 多个创意，除去重合的部分，大概 10% 的创意已经得到了实施——每三天就有一个创意得到了实施。

"希望参与的意愿越高，参与也会越多，"迈克说，"如果戴尔创意风暴是一个黄金标杆，那我们无疑已经超越了它。这非常有帮助，我们并不希望获得类似'你的网站上有输入错误'这样的建议，而是希望获得关于制定收费标准这样的关键建议。"

很多创意刚出现的时候感觉非常棒，但是经过评估发现，在有些情况下它是创新但是 giffgaff 无法实现。重要的是要提供反馈。

采用众包模式创新的一个重要问题，也是具有代表性的问题就是与哪些人共同创新。

"我们的确也纠结过，因为你没必要从社区中获得对于你的产品的普适性看法。就定义而言，那些深入参与社区的只是一类人。他们不能完全代表全部会员的意愿或者是未来潜在会员的意愿。"迈克说。

过去，他很倚重社区的意见——也发现了其对市场的强大影响力。在 giffgaff 的早期阶段，在经过多次尝试后，迈克发现应该更加明智地创建民主通道将创意提交给高管团队，但让企业作为最终决策者。

"我们承诺会了解每一个创意，但是必须由我们来做出决策，并且告诉你我们为什么做出这个决策。"迈克强调说。

这也提出了一个广泛存在的、关于民主和透明度的问题。迈克希望分享什么？公司的这条红线在哪里？

"这涉及商业方面的因素——毕竟我们是一个商业组织，因此我们不能分享关于利润率或者我们给 O2 公司支付费用的内容。这确实是咨询上的难题，"迈克解释道，"另外的问题是我们是否向竞争对手公开了太多信息？"

迈克对于这一点没有特别的要求，但是他确信竞争对手就隐匿社区中，所以需要相对谨慎地对待。

一个应对方法是招募可信的社区成员并与他们签署保密协议，然后告诉他们正在考虑的商业计划。在某些情况下，giffgaff 这么做是行之有效的方法。

"我们并不喜欢这样做，因为我们的社区是平等的社区，我们不希望在会员中建立等级制度。"迈克说。

积分系统是由社区中的会员决定的，而不是 giffgaff。

迈克无法确定这个社区有多大，但是上百万封邮件、90 秒的反应时间以及 20 万 + 的 Facebook 点赞量可以大概描述出社区的规模。

除了显而易见的成功、与社区共同开发新产品，和大多数人一样迈克仍然感觉他只是努力抓住了社交媒体带来的一部分价值。

"事实上，如果我们一直专注于成为一家伟大的公司、提供伟大的服务，并且全身心关注自己的社区，那我们的会员将会在他们活动的其他社区中讨论、传播与我们相关的信息，"迈克补充说，"最终，类似于 Facebook 的网站只是一个社交工具，在这种环境中，人们与品牌的互动仅仅停留在较低层级。"

在我们采访迈克的过程中，迈克不止一次地谈到 giffgaff 的一个信念系统。这可以追溯到目的原则。如果每个人都知道朝哪个方向走，就可以在更广泛的范围内分享更多的信任。这也是社区的本质，因为如果不能按照自己相信的方向行动，你将很快发现自己脱离了轨道。

giffgaff 的招聘标准是，潜在员工了解关于 giffgaff 社区的知识，包括与会员共同合作的概念，并为之感到兴奋。

这是一个巨大的文化驱动器，强调分享成果、分享旅程、关注合作，而不是关注大人物和大的创意。首先选择合作方，组织才能成为合作型组织。

对于会员而言，迈克说，虽然这是一个价格主导的业务，但是当他们被问到为什么选择 giffgaff，他们会说"因为它们在做正确的事"以及"因为我信任它们"。

"我们已经开展研究，比较我们和 O2 品牌的信任度，对于现有的会员而言，我们的品牌信任度比 O2 公司要高，而且从未来发展来看，我们也没有落后太多。"

giffgaff 仅仅成立四年，而 O2 公司已经有 11 年的历史——而且在这个区域已经花费了 10 亿英镑用于营销活动。基于这个事实，giffgaff 的信任度是很棒的。

相对于 O2 公司，信任对于 giffgaff 更加重要——giffgaff 没有合同。

"任何时候我们的会员都可以随意离开。我们每天都会评估会员的信任度和净推荐值。我们的净推荐值指标非常高，比谷歌和苹果还要高，这对于电信公司而言是异乎寻常的。很多电信公司如果得到一个正数得分的话，就已经觉得很幸运了。"迈克说（净推荐值从 –100 到 +100，而典型的电信公司得分往往低于 10）。

giffgaff 不喜欢合同，它们认为客户也不会喜欢。

"会员不喜欢合同，因为他们会有被束缚的感觉，一点儿也不自由。"

迈克说电信公司是在用户的两年期合同终止之后开始有巨额盈利的，因为硬件成本已经收回（手机业务）。当然，它们不会告知用户，用户将继续支付的费用远高于实际的费用。

尽管人们不喜欢这种方式，却不得不接受。因为电信公司在用户选择下一部新手机的时候提供一笔贷款。对于那些没有足够现金购买手机的用户，这个贷款合同会分摊成本，使得购买一部高级手机看起来很便宜。

因为仅仅关注SIM卡市场，迈克认为他们只是接触到这个市场需求的25%——因为大多数人在购买SIM卡的同时会购买手机。

他决定在能够为会员提供他们喜欢的合同之前，不会进入硬件市场。

"这是一个非常复杂的领域，我们现在的业务很简单，我们希望保持简单。"他补充说。

2013年10月，经过一个长时间的社区咨询，giffgaff第一次宣布同时提供手机和SIM卡的业务。

为了保持简单，第一次仅发布22种手机，仅有的iPhone还是翻新手机。

追求简单的原则还体现在服务的提供上。如提供一些"礼包"，包括语音、数据和短信的包月套餐，普通移动运营商计费系统中平均会有上万条资费记录。

"由于以前的服务续期价格表是很久之前开发的，维护起来非常昂贵。每个细则都需要维护、管理、记录。我们努力保持每件事的工作量都最小化。"迈克说。

giffgaff最终会到达哪里？最终目标是什么？怎样才能变得更加合作、更加民主？公司需要做哪些事情才能成为开放式企业？

"还有很多事情需要做。我们六个月前（2012年底）说，我们已经运营了大概三年了，我们定义了业务模式并做了深刻思考。向前走还需要做什么？我们需要不断扩展更多的可能性。"迈克说。

"我们认为需要在社区合作上还需要做更多的事情，我们希望看到更多的会员能够出现在办公室——我们正在做很多事情来促成这个目标——获得一个稳定的会员群体，帮助我们做事情，同时为他们自己带来更好的生活品质，也对企业有利。"

"我们已经在讨论如何将会员升级成为雇员。"迈克说。

目前 giffgaff 仍然关注增长。2013 年 5 月已经达到最小优化规模，但是仅仅达到增长计划的一半，然而它们不会违反原则去过度关注增长。

"通常会有快速增长的方法，我们可以在 Carphone Warehouse 分发 SIM 卡，可以在超市里搞通话时长促销。我们现在没有这样做，因为这与我们的想法不契合。"

为了持续保持一个稳定的增长率，giffgaff 发现不得不转向传统的广告模式——需要对会员招募会员的模式做一个小的调整。

这是一种权衡。当用户数量达到一个临界值时，会员招募会员的模式发展会更快，但目前还没有达到这个临界点。

"你必须快速启动业务。自成立以来，我们已经做了不少传统的营销工作，但是我们不做传统的电视营销，而是以做赞助商的方式开展营销活动。我们做在线展示并按点击付费。结合会员招募会员的商业模式，这些可以帮助我们实现计划，"迈克说，"理想情况是，正如我们的目标所指出的，我们不需要做任何传统的营销活动，我们仰仗人们的口口相传。我们不认为这是一个无法实现的目标。这样，我们完全可以在目前的营销成本的基础上，再减少 80%。"

迈克相信在增长阶段讨论降低营销成本是不现实的。giffgaff 的商业模式已经到达最小优化规模，你的可能还没有达到。

giffgaff 模式可以应用到其他领域吗？开放式商业思维对于其他领域是合理的架构吗？

迈克这样回答："如果你认同我们开始讨论的前提：现在的市场对待其客户的方式是有害的——这种模式还可能应用在哪些领域？我想到的是公共事业

领域。"

想象一下，能够每个月购买汽油或电而不用签订束缚合同——类似于giffgaff切入电信市场的方法一样。在这些领域不难看到新的商业机会。

giffgaff会成为独立于母公司的公司吗？"不会，"迈克说，"我们有核心的技能和资产，而我们的母公司拥有移动网络。我们没有批量购买的经验。"

基础设施行业的企业做了什么？它们有O2公司，有加夫·汤普森和迈克·费尔曼的远见，并勇于打破自己的业务模式吗？一个平台的提供者会在提供包月服务的情况下还允许客户在下一个月选择另一家更合适自己的供应商，从而打破传统的商业模式吗？

如果你所在的一家大公司正在考虑开放式商业战略，想要获得进一步的发展，迈克分享了以下意见。

- **避免过度珍视品牌**。"你的市场部门相当珍视品牌，因为这是它们的工作。但是人人都需要终生学习，因为这个世界已经不再像从前那样了。珍视品牌背后的价值，减少阻止别人在博客上的引用。每一次关于品牌的交流都会为其价值添砖加瓦——这才是你需要珍视的地方。"
- **自上而下的组织**。"如果你在一个大型组织工作，那么需要自上而下地推动……否则基本上就很难实现开放，很难让你按照计划改变。"
- **拥抱客户**。"这是一个理念的问题。通过社区与你的客户建立紧密的联系，这与传统企业的理念是不同的。在传统企业，当一个生气的客户来到办公室的时候，你会要求保安来对付他们。高级经理必须习惯使用博客——不只是去写博客，还要浏览反馈意见，并且对这些意见做出回应。他们可能即使在晚上8点回到家还要这么做。

想象你背上有一只猴子，让你的客户（会员）在你做出错误判断的时候持续提醒你，以保证业务回到正确的轨道上运行。"

- **赋予时间**。现在运营处处都是难关，但是也不是经常如此。"这是一个差点失败的例子，在一个有趣的时间点——在我们刚成立一个月的时候差点关门，因为事情没能按我们想象的一样进行。社区运作得很好但是没有足够的规模，我们的产品没有市场需要的特定功能，产品的定价也出了问题而且我们还没有发觉。"迈克说。"期望值设定得太高。目光不够长远的人预期了线性增长，而我们对很多基于网络的业务的早期低速增长的曲棍球曲线现象还没有做好准备。当我们第一年仅仅达到预期目标的85%的时候，你可以想到我与O2同事的对话是怎样的。"迈克说。"幸运的是，不断出现的好消息使得大家看到曲棍球曲线正在出现。"

　　当前，giffgaff 的发展正趋向曲棍球曲线最好的部分，公司算是度过了早期阶段，期间也出现了关于 giffgaff 是否可以完成目标的讨论。

　　giffgaff 模式源于期望利用 Web 2.0 发展趋势，每个人都有机会成为自媒体，同时带来权力的转移。如果媒体的权力正变得边缘化，那么是什么教会迈克如何组织一家公司？

　　"我想我们的模式是最适合当前世界的模式，越来越多的人在利用社交媒体，并将它变成首要的事，自然而然我们也将有更好的市场，"迈克说，"如果我在一家传统的公司的话，那我可能会更焦虑，因为这个世界正迅速离我而去。"

- **保持开放，适应未来**。迈克说这将促进企业更加稳健，以应对未来在应用模式和客户需求上的变化。与传统的运营商相比，giffgaff 将更快地从这些变化中学习，同时会员们也会帮助它们更快、更成功地适应变化。

目标状态 / 错误示范

你给你的企业打多少分（5 分制）

目标状态（得分：5 分）

开发服务、产品和传播设计的过程完全都是与位于组织外部的人们通过适当地分担风险和回报的合作方式来完成的。

错误示范（得分：1 分）

所有的开发过程都是在内部以秘密的方式完成。

第一步……

如果当下阶段，你对你的企业评分很低，那么不妨从以下几方面入手去改善。

① 资助一次内部的"黑客日"活动，由各团队的不同技能人员聚集在一起，为公益事业创建一个即时解决方案或创造社会公益。

② 发现合适的人员并将其组织在一起、发现他们需要的技能，以及从哪里找到他们的过程，将帮助你了解如何能够转换到开放式创新，其中包括引入组织之外的人员策略。

③ 思考所有参与者的动机以及如何通过目标和回报，创建类似的驱动力环境。这种知识产权共有模式如何在现实中为你服务？

The 10 Principles of Open Business
Building Success in Today's Open Economy

08 | 开放数据

定义

把数据提供给组织内部或外部的人,让他们能够自由、充分地利用。

获得数据、拥有数据、查询数据、提取知识、大数据和个人数据。阿兰·摩尔（Alan Moore）——《社区控制品牌》（Communities Dominate Brands）和《没有直线》（No Straight Lines）的作者称数据为"21世纪的黑金"。

类似于对石油的需求一样，人们也渴望发现、挖掘、拥有、输送以及使用数据，并从中获取价值。

开放式企业对于数据的思考是不同的，它们知道分享自己所"拥有的"数据将获得更多的价值——对于它们自己和其他人都是如此。

与思想类似，数据在分享的时候更有价值。

开放数据可以将你的研究和开发外部化和规模化，同时还能降低创新和市场宣传的成本。

在讨论开放数据的时候，不能不提及 Goldcorp 公司。我第一次关注整个故事是因为安东尼·D. 威廉姆斯（Anthony D. Williams）和唐·泰普斯科特（Don Tapscotts）在 2006 年出版的《微基经济学》（Wikinomics）一书。这家加拿大黄金矿业公司面临寻找金矿资源的成本迅速飙升的问题。2002 年，该公司决定公开其 45 年来的私有的历史地理数据。

通过建立一个 50 万美元的奖金机制，该公司吸引了全球 1400 个组织和个人参与到对数据全面的分析中，以期从中找到金矿的确切位置。他们发现了 110 个地点，其中有一半是该公司从来就没有想过那里会有黄金。后来在其中五分之四的地点有了重大发现。

这一项目完成之后，该公司的估值从1亿美元上升到90亿美元。

开放数据提供了众包创新的模式。简单通过收集和分析人们发布在社交媒体的想法及其对于需求和希望的表达——有可能会发现新的和正在形成的服务需求，然后通过设计产品和服务来满足这些新需求。

如果在英国的开放社交媒体（有很多）中跟踪关注大众对于饮茶的需求，就可以发现人们在什么地方、什么时候喝茶，喝茶的目的以及喝茶的好处是什么。如果我们看到很多人夜里喝茶，那么茶叶制造商就有必要去开发一种低咖啡因的"午夜茶"，而且知道需要去哪儿做营销。

开放数据需要对数据集的指数级增长加以管理（大数据问题）。科技社区已经开始利用大数据并取得了很好的成果，例如开放合作的人类基因项目计划（发现人类基因图谱）。

"具有讽刺意义的是，很多科学家指出，在这个历史性的时刻，我们有技术可以实现科学数据的全球获取和分布式处理，从而扩大合作范围，加快发现的步伐和深度……但是我们却忙于锁住这些数据，防止相关的先进知识技术被采用。"知识共享平台的科学副总裁约翰·威尔班克斯（John Wilbanks）说。

本章的例子来自《卫报》和英国政府，表明如果进一步分享数据，可以通过大数据获得额外的价值。这样做的话，开放数据不仅可以分散风险，还可以通过收集数据和基于数据的创新获得收益。

公司拥有很多类型的数据并不能产生最大价值，理解这一点对于公司管理者来说并不是一个轻松的过程。毕竟互联网的投资者们告诉我们，数据具有重要价值——特别是那些来自客户的数据。

但是，现实中也有一股力量在强烈抵制拥有个人数据。与其说是因为隐私，不如说是我们希望收回与谁共享信息的控制权。对于客户来说，开放数据意味着如果有人必须拥有数据，那么这个人应该是消费者，而不是企业。

2012年2月《福布斯》杂志报道："首席营销官必须为下一次技术革命做好准备。"这次革命是由组织拥有的客户关系管理（CRM）转向消费者拥有的供应商关系管理（vendor relationship management，VRM），这一想法的倡导者是多克·希尔斯（Doc Searls）——《市场就是对话》（The Cluetrain Manifesto）和《意愿经济：大数据重构消费者主权》（The intention Economy）的作者。

"革命"一词当然与《福布斯》杂志的标题文章提出的技术和工具相差甚远，更多的是态度上的转变和文化的转变。

此处的基本理念是客户根据其目标和利益，选择性地与其他人共享自己的数据（相对于组织希望获取客户数据而言）。

位于美国华盛顿的技术公司Personal就是这种文化思维转变的一个例子。Personal公司为客户提供一种类似于网络"个人保险柜"的服务，人们可以在里面存储属于自己的任何内容（例如数据、笔记、文件等）。当你需要的时候，你可以把存取权限授予别人一段时间——例如公司，但你可以在任何时候收回存取权限。

在很多种情况下，这有点本末倒置。如果限制分享数据，客户会变得与公司"一样坏"吗？VRM思维方式的好处在于至少个人有权选择何时、给谁以及分享什么。开放的思考者可能选择更开放地分享——基于与其他人建立相关利益机制的期望。封闭的思考者可能选择承担失去机会的成本，以换取对于隐私的保护。

这是关于数据拥有权的挑战性问题。我们的行为被记录在网络数字数据库中与记录在人脑中形成集体记忆有什么不同？

人类的记忆会不会衰减得更快？数字数据库是否会在传递场景（以及意义）方面做得更差？这些都是"技术问题"，都是对有效性的质疑。

08　开放数据

我们希望什么内容被记住以及它应被谁记住?我们暂且不说记忆和数据可能是不同的——记忆可能是我们理解的数据存在于我们或其他人记忆中的故事。如果抛开体验、场景,没有与之相呼应的故事,那它将与存储于数据库的数据一样,没有任何意义。

我们需要从多样化的关系中思考"希望被谁记住"的内容——从家庭成员、朋友到喜欢去的地方。从"可以"被记住的,到"期望"被记住的?我们希望朋友和家庭记住我们。这与存储在数据库中的数据有什么不同吗?如果有不同,又有哪些不同以及为什么不同?我们希望倾心的餐厅和酒店记住我们,我们希望社会记住我们,我们也希望子孙后代记住我们。

纵观整个历史,有许多人通过他们讲述、写作、记录和影像描绘的故事所创造的、关于生活的"数据"而被人们记住。

那么为什么不能是谷歌存储你的数据?为什么不能是Facebook?为什么不能是你消费的品牌?可能它们能够保存这些源材料比以前更加准确。故事因为给出场景使得数据更加全面,但将来还需要人性化。

提供的数据可以被别人再次使用来创造更多的价值,我们是否真的该为此担心呢?

* * *

英国报纸《卫报》在其全球网站明确实现了数据开放。这是"开放新闻"的关键部分,使得《卫报》从英国第九大畅销报纸成为全球第三大新闻网站。

其全球定位是在2013年确定的,那时候美国国防部合同雇员爱德华·斯诺登(Edward Snowden)选择在《卫报》公开了美国棱镜计划(PRISM)——由于这个计划,美国政府被质疑通过互联网对公民开展间谍活动。

相对于《金融时报》《伦敦时报》(*Times*)和《太阳报》(*Sun*)开启的付费阅读的模式,《卫报》主编阿兰·拉斯布里杰(Alan Rusbridger)认为开放给所有人阅读的做法帮助其成为全球性报纸。"从数字营收来看，这正转化为商业上的成功。"他告诉我。

2011年6月《卫报》宣布了其"数字第一"的政策。

阿兰是开放理念的忠实拥趸，他相信，通过接近行为者，比仅从新闻从业者那里能获得更广阔的视角和更多元的来源，从而创造更好的新闻报道。

开放数据提供了进一步的方法，帮助《卫报》的支持者从中获得价值并做出贡献。

在一个数据无限增长的世界中，公司对于数据的分析能力却是有限的，需要越来越多、来自外部的帮助来应对泛滥的数据。如果你的目的是与他人共享数据创造价值，他们的目的就会是帮助你创造价值。

《卫报》在其网站上有一个开放数据源，用以分享数据并通过开放的应用程序接口达到更广泛的共享，阿兰说。

"任何人都可以拿走我们的数据，分享它，做数据可视化并进行分析，对于我们是否做出公正的报道，读者可以做出自己的判断。这是我们工作的重要部分，并期望以此获得更多的信任。"他说。

2009年，《卫报》呼吁读者帮助分析40万篇与英国国会议员消费情况相关的文档，并快速组成了一个23 000人的志愿者团队。

这个团队不断为《卫报》提供支持，成为衡量国会议员责任机制的第一步。

"这个故事有很好的象征意义，也体现了新闻机构面临的挑战。当40万篇文档同时公布出来的时候，没有一个新闻机构能独立处理好，"阿兰说，"通过招募23 000名读者，这项工作马上就得以开展。"

同样的思想方法——为了共同的利益与组织外部的人共同工作——现在成为《卫报》在所有领域的工作方式。

08 开放数据

"我们对于读者在我们关注的领域所具有的相关经验非常感兴趣。一个例子是 2013 年 7 月 31 日早上发表的关于'零时合同'（zero hours contract）的文章。"阿兰说。

这篇文章报道了体育零售商店 Sports Direct 如何采用"零时合同"雇用了 90% 的员工，这也意味着这些员工没有每周的最低工作时间保障、没有假期，也没有带薪病假。

"这是报告的一部分，"阿兰说，"但是那时候，我们有长达两页纸的联系人告诉我们，'这就是我们的生活，我希望告诉你'。"

《卫报》积极寻求外面的帮助以解决棘手的问题。在报纸销售商伊恩·汤姆利森（Ian Tomlison）在 2009 年伦敦 G20 抗议活动中被非法杀害时，《卫报》就开始向读者寻求帮助。"我们寻求那些能够帮助我们找到线索，了解攻击是如何发生的人。"阿兰说。

在其他报道中，阿兰说："你去 Twitter 询问是否有人看到发生了什么事情，你会找到很多目击者。你就在那儿，这通过开放报道来完成。"

"有很多类似的例子，通过与其他人的合作我们可以得到他们关于旅游、食物和时尚等的经验。我们通过整合 20 个国家的环境网站创建了最大的环境网站，并将它们联结在一起形成一个信息枢纽。无论你在何处都可以看到，现在这些都已嵌入我们的 DNA——我们做所有的事情都采用开放的方式。"阿兰补充说。

阿兰说，如果仅仅从上层推动，开放不会成功，他的记者们已经看到其中的益处，并且开始拥抱开放，因为意识到他们能够从中更好地了解世界。

"他们意识到这能让他们报道更好的新闻，这也意味着我们的网络流量变得更好，随之而来的就是财务回报。"

对于那些希望分享个人兴趣的人来说，《卫报》现在是一个平台，也是一个出版商，但是阿兰坚持说，它不仅是一个平台。

"如果我们抛开新闻来说，我们正在为他人创建一个平台，我们将损害《卫报》的立根之本。真正有趣的是在自己出版和作为他人的平台之间创造一种平衡；如何做出这一选择，是依据谁的声音更加有趣以及如何管理这些争论……

"所有这些都是有趣的挑战，但是首先要决定的是：我们应当开放还是封闭？通过开放是不是可以成为一份更好的报刊？我想这是毋庸置疑的。"

阿兰说开放为读者创造了不同类型的新闻组织，读者帮助《卫报》成为《卫报》。

"人们有时候会感觉新闻报刊不是为他们而准备的，有一种高高在上的感觉，而《卫报》是你参与一起做出来的新闻。"他说这个模式精确地反映了当前社会的现状以及信息在未来如何流动。

阿兰感觉这种新的分享关系可以如此表述：

> 这里可能有很多反例，你拥有数据而别人没有的事实可能会给你带来一些优势，但是在一个通用的新闻时代，保持数据私有并不会给你带来巨大的价值，巨大的价值则来自开放。

即便如此，他认为这一旅程也是充满风险的。

"你可以开放一半吗？当你开始走上这条开放之路，就很难再回头了。"他说。

《卫报》开放的第一步包括设置一个"读者编辑"的职位——读者可以向其抱怨，而他并不是一个编辑，在其他的公司可能称之为客户领袖。

"在此之前，英国没有报社会这么做，没人做是因为这是一件令人恐惧的事情，因为你会失去控制，你的错误可能会被放大和被过度关注，"阿兰说，"但是我想在我们生活的这个世界的大背景下，信息流动的方式导致你所有的错误都可能会暴露，都将会在 Twitter 或 Facebook 上曝光。"

08　开放数据

"这件事做起来并不令人舒服,但是最终在21世纪的今天,你最好自己主动做,而不是跟随别人,让别人影响你。"

作为英国媒体界的重要人物,阿兰经常与其他行业的领袖交流。

"你会发现他们有同样的想法,他们现在不只是进行开源研发,他们遇到了我们在国会议员消费文档中遇到的同样问题,你不能在只有三名员工的情况下分析40万份文档。如果你是宝洁公司,现在联合利华已经进行开源研发了而你却没有,那么它们就会有竞争优势,会发展得更快,对客户的反应也会更快。"他警告道。

阿兰在开放上的经验之一是有效地提供高质量的服务,并通过开放数据建立与读者的新型关系,同时形成更多的信任。

"开放和透明有一种力量,关乎信任、参与和多样性,以及所有我们讨论过的事情。这是一个非常强大的想法。"

"这些导致《卫报》比以往都增长得更快,比我们能够想象的都更强大。我们得到读者的认可,他们尊重我们正在做的事情,经济回报也会随之而来。更多封闭意味着更少的交流,更少被阅读,更少分享,最后会变得越来越不重要。"他总结道。

*　*　*

英国中央政府已经开始复制《卫报》开放数据的一些做法。

政府网站data.gov.uk分享了包括从中央到地方政府以及其他公共机构的9000个数据集的公共数据,期望帮助民众理解政府如何工作以及为什么和如何制定政策。

重要的是,它们不只共享信息,还共享原始数据。这意味着其他人可以拿到这些数据并且重复利用以形成自己的解决方案,解决更多的问题,提供比中央政府仅靠其自身资源理解数据所获得的更多答案。

这个网站已经包括69个案例研究——从通过利用公开提供的、政府支持的特许经营轨道公司的数据，为乘客提供折扣车票的在线订票系统Red Spotted Hanky到利用开放数据帮助驾驶员寻找最近的、价格最合适的停车场系统泊知港（Parkopedia）。

通过数据和其他方法转向开放政府已经从上一届劳工管理机构开始实施了。首相戈登·布朗[Gordon Brown，其夫人莎拉是Twitter的活跃用户]是积极的支持者。

在进入唐宁街10号之前，布朗就提出了在提供公共服务的过程中"推动创新"和"个人化"的伟大计划，政府的工作就类似于一家大型企业的工作。布朗说他在向商业领袖们学习。

布朗在2010年3月提出了"MyGov"的概念：

> 公司利用技术与其用户互动，是为了找到自己未来的定位，政府也必须这么做。MyGov意味着"一刀切"和"来自部委的人最了解公共服务"意识的终结。
>
> MyGov将为公共服务建立一个关于如何提供公共服务以及市民如何参与政府工作的全新模式，保证民众与政府的互动就像电子银行或在线购物一样简单。这个开放的、个人化的平台将让政府针对每个人的特别需求提供全面的服务；从自上而下、单向传播公共服务信息的网站，转为以提供民众在需要时可以查找这些信息、随需而动的政府。

MyGov会代替DirectGov——最终整合到gov.uk——将英国所有政府部门的网站（理论上）整合到一起。

整合网站是一件事情，但是从集中化组织形式，转变为一个更关注人民的政府，却是另一件事情。很多人说这一计划可以与人类登月工程相提并论。

08　开放数据

这不是因为看起来不可能，而是因为变化的规模、需要跨越的障碍太多，从本质上英国与工业时代适配的政府系统和中央控制模式，必须进行彻底转型以满足开放时代的需求。

例如Gov.uk的发起者可能过于关注技术，而更少关注实现愿景所需要的组织变革。通过转向开放式商业思维原则，他们能够在开展工作中降低成本、共享信息，从而更有效地与社区联系起来。

技术带来前所未有的透明度和联通性，这一事实非常关键。但是，对透明度和联通性（共享；通过参与实现规模化；通过搜索发现，帮助我们通过与数据链接来组织；保证实现网络的特性，包括一直在线/非一直在线）的渴望以及组织设计的要求才是关键的部分——而不是技术。

2010年5月成立的保守党–自由民主党联合执政政府也揭示了英国所经历的金融危机，也为英国实现根本的、机构化的政府变革提供了一个巨大的机会。

英国政府破纪录的财政赤字和债务负担的事实，要求我们必须考虑减少服务，同时在质量上提高我们的贡献。

开放政府通过提供包括定位更好的资源和引入更多的志愿者活动这一举措，产生网络效应，从而降低成本和提升服务。重申如下：组织需要利用现有的资源发现那些关注同样问题的人，把他们组织起来，发现他们希望解决的问题，同时与他们共同工作（支持并和他们一起）去解决这个问题。

如果政府管理就是根据人们的需求保证资源尽可能有效匹配的话，那么数据世界已经带来：

- ❖ 更好地发现人们实时需求的工具；
- ❖ 更好地与人们结合的工具；
- ❖ 更好地使人们能参与进来的工具。

政府，与商业机构一样，可以重新设计以满足需求，并更好地利用这个开放、互联的世界。

目前的政府流程，和大众媒体一样，主要是服务规模生产世界的最低通用要求，结果导致"一刀切"的政策、资源定位（以及附带的政治党派）。这些都属于旧世界。

今天，我们能够实时找到关注同样事情的人们，我们可以聚集在一起讨论，并找到需要解决的问题。通过交流，我们发现只要足够关注一件事情，就可以共同把它变得更好（至少让其发生变化）。政府可以作为一个平台来支持这种类型的合作创新。

这些还可以应用到政策制定上。除了依赖于一小部分政府指定的专家之外，对于任何主题：

- ❖ 在政府之外都有更多的人关注这一问题；
- ❖ 在政府之外都有更多有经验的人可以帮助解决这一问题。

开放政府的做法将为那些希望自由提供经验和想法的人打开大门。

持续的在线倾听，不仅可以发现关注某个问题的人在哪里（可以邀请他们参与解决问题），也可以实时发现真正重要的问题是什么、在哪里。它将揭示长尾理论相对于最低标准的方法，能够为所有人的需求提供服务，而不是只满足具有最大的需求单一的群体。

开放式创新的结果是资源定位——保证政府更好地服务于实际的、多样的、实时的需求，这也意味着更少的浪费、更有效地服务于更多的人。

这种双赢局面的另一个益处是，与期望改变的人们共同工作，你可以和大量的志愿者一起推动改变：更多的人希望承担责任而不是交给"政府"解决；更多的人希望就共识付诸行动。

这也意味着可以通过更低的成本来提供更好的服务，因为更多的人参与了创

08 开放数据

造、分享和提供服务。这也会帮助政府重建信任——因为更多的人参与其中。

我曾经在2010年大选之前偶然见到即将就任首相的戴维·卡梅伦（David Cameron）。我们坐在伦敦的星巴克咖啡店里，谈到关于他很少使用社交媒体的时候（他有一句著名的话"蠢材沉迷于发 tweets"，虽然他现在也在使用 Twitter），我希望他能谈谈真实的想法，而不是他的外交辞令。我们很赞赏他的坦诚。

看起来政治家认为这一步走得太远——前工党副首相约翰·普雷斯科特（John Prescott）是个少有的例外，他是 Twitter 的多年活跃用户。

我们很多人都没有这种不安，开心地分享我们思考的内容——至少比一般政客要坦诚很多。我们甚至不在意有时被证明自己是错误的。

与卡梅伦首相不同，我们很多人都在线通过社交媒体公开自己的想法，这样做是因为我们特别关注某件事情。

我们关心的事情包括议会法案。在2010年初，工党政府在下台之前希望快速通过数字经济法案（the Digital Economy Act），这时，在很大程度上显示了一个有目标的社区可以发现并且围绕一个目标迅速行动——人们不同意一项议会的立法议案。

围绕着任何问题都存在着类似的目的共同体——无论是支持还是反对某些法案。

在法案二议的时候，有多少争议的焦点都是由成千上万的人们在 Twitter 上提出的，而不是由寥寥可数的国会议员提出的；这种通过众包聚集的智慧是国会议员能够产生的吗？

线上的众多个"小声音"被淹没在访问部长办公室的游说者的言谈中（本章的后面会探讨这一点）。只要简单地在下议院、上议院以及各委员会办公室安装大屏，显示所有与当天话题相关的意见——整理并实时显示每个讨论——至少会把小声音送到决策者身边。

开放政府不是为了尝试利他主义，而是为了提高国会议员的决策效率，这也会提高立法效率。

国会议员都是了解各个领域的通才，他们也必须是。但是一个社区就一个话题可以随时提供经验，这些来自现实世界的经验比国会议员们依赖于自己的判断要有价值得多。

这对于任何事情都是正确的选择。

我们现在有了社交工具可以帮助社区快速、随时地进行自组织。#debill 运动（反对数字经济法案并且坚持在法案通过之后继续抵制）七天内收集了两万封信件并提交给国会议员。

在一系列版权侵权案件处理中，数字经济法案以禁令的方式处理侵权人，并关闭网站。反对者认为这可能导致很多清白的人失去互联网的接入权利，并阻碍公共无线网络的发展。这些不同意见导致了该法案在 2012 年在上诉法院最终批准之前无法实施，所有与在线盗版相关的条款在 2013 年 12 月之前无法落地。

现在比任何时候都更容易找到和你一样对某件事情感兴趣的人，并且组织大家起来去推动改变。

如果汤姆·沃森（Tom Watson）按照自己的方式来做，政府是有机会加入的。汤姆是西布罗姆维奇的工党议员，也是该地区当选的第一个工党副主席。他于 2013 年 7 月从这一职位上请辞，是因为期望加大工会对工党议员选举过程的影响。

这是他第三次从国会议员这个重要的位置上退下来。当然，我们希望他作为一个杰出人才去为他热衷的事业而奋斗——并以合适的方式回到重要的位置上。

他在辞职博客上（他仍然是国会议员）写道："我希望利用'后排'的位置说出我个人关注的主题——开放政府及其监管措施，推动数字经济。"

08　开放数据

我和汤姆第一次见面是在很多年前由《卫报》召集的一次领英会议上。交谈中我发现他是少有的认为政府需要变革的政客。

现在他相信英国政府是西方民主社会中最为封闭的政府，他比 10 年前更加认同这一观点。现在他致力于去改变这一现状。

在戈登·布朗政府中，汤姆极力推动非个人政府数据的公开。

"我对技术一直很感兴趣，我本来可以获得一个信息技术的学位，但是后来选择成为一名政治家。"汤姆说，我们在威斯敏斯特的英国新国会大厦（Portcullis House）的咖啡桌开启了我们的对话。

汤姆在 2006 年的工党政府的内阁办公室任职，他创建了信息权利特别工作组（the Power of Information Taskforce），评估政府数据的自由获取的难易程度。

"作为一个初级官员，你的时间是很有限的，可能只能完成三个大项目中最大的那个，也就是说必须关注最高优先级的那个政策，我的就是开放数据，"汤姆说，"我看到政府各个公共部门的人员都希望通过数据以富有想象力和创新的方法做伟大的事情。而具有讽刺意味的是，他们自己却是问题所在。"

信息资产在所有政府部门中被创造出来，而那些本应该提供社会服务的、最聪明的人却希望从中牟利。

"气象部门成立了独立的商业公司做与气候相关的数据业务，比如许可数据给商业使用等。但是，当然，"汤姆带有强烈的讽刺情绪说，"政府永远都是对的。"

"我强烈认为，需要把所有数据归还给政府公共部门，不需要或者很少的使用许可要求，如果可以做到，企业家可以基于数据开展工作为英国经济增加价值。"他继续说道。

他在网络上发布了一个叫"给我们最好的方法"的竞赛项目，开发并分享最佳实践，为利用政府数据的创新创意提供两万英镑的奖励。

"这是在大声说'国民们，来告诉政府官员们如何利用这些数据更好地为社会服务。'我没有认识到我不能仅仅通过政治的手段来做这项工作——对于那些不希望这样做的政府官员而言无疑是一种无法说出的残忍。开放数据，存在包括技术、文化和法律方面的障碍需要去克服。"汤姆说道。

总之还有很多工作需要做，甚至在2008年，汤姆就知道他可以利用的时间已经不多了（在那个时候，工党看起来无法赢得大选）。

"我希望留下一些可以持续下去的动议，第一，我想如果能够围绕数字参与来创造一个社会服务架构，这将在社会服务的高层中开启文化变革；第二，在此基础上利用新的参与工具来开放政府，并发扬光大。"汤姆说。

他在内阁中适时地创立数字参与负责人的职位以推动这一计划。

他还在离任前的四个月发起了 data.gov 项目。

汤姆在建设 MyGov 网站项目（本章前面提及过）中有很多奇怪的发现，其中之一就是人们在申请驾照时，需要下载许可机构提供的表格、填写然后通过邮局送到位于斯旺西的政府办公室……在那里有人再将你写下的内容重新输入计算机。

这个问题已纳入问题解决计划列表中，但是看起来是一个低优先级的问题。当汤姆发现每个月有成千上万人查询、下载这个表格的时候，他把这项工作提高为最高优先级，并迅速处理。

汤姆过去几年中在政府工作以及离开政府之后的经验告诉他必须要开展开放数据的工作。

"我现在比10年前有更加强烈的认识，英国政府是西方民主国家中最封闭的政府，"汤姆说，"那里打着为市民服务的旗号阻止人们获取他们需要的信息，而

08 开放数据

且在颠覆自由信息法案上又走得很远。"

他指责公共部门、小报和政客之间"循环和腐蚀"的关系。

"我和所有人一样都是问题的一部分,市民发现政府中的一些人正在利用他们交纳的税款来阻碍那些为提高服务效率的努力。但是考虑到出现在媒体上的一些小道消息(当失败被公开之后),就会有很多的政治痛点——这也意味着政治阻力在增加,"他补充道,"你不敢相信我在获取政府酒窖的价值和资产上所花的时间,这也是对信息自由法案(Freedom of Information)的考验。"

大量关于自由法案的请求跟随汤姆而至——对于议会提出的问题也是一样。反对的声音也越来越多。

"我甚至被邀请参加酒窖的私人之旅(并没有库存清单),他们竭尽全力试图让我闭嘴。"

汤姆质疑如果政府的缺省立场是开放的,那么就需要每年公开这些酒的清单,还可能在报纸上发表两段故事。

但是因为外交办公室(管理酒窖的机构)最终勉强在《星期日邮报》(Mail on Sunday)上揭露细节,最终的结果也只是他们被带到在法庭被告席上仅仅只有几个小时,因此事情在不断发酵。

"他们发表文章说这些酒每瓶价值1万英镑。"汤姆说。

结果导致政策的变化,因为没有一个在职的政客能够与每瓶1万英镑的酒脱离干系,政府开始对这些酒进行库存管理并按实价售卖。汤姆说:"我们不应该通过信息自由法案来处理这些问题,如果我们是斯堪的纳维亚半岛的开放政府的话,这些信息应当清楚地列在政府网站上。"

汤姆开始思考英国应当如何开始走向开放政府的征程。

"直到部长任期的最后阶段,我才认识到制定开放标准可能是最重要的工作。

当国防部的笔与商业创新部的笔是同样标准的时候，你才可以真正开展工作。我希望2015年（英国大选结束的那一年），无论这项工作到什么程度，政府都会有变化，我们需要花更多的时间来促进它。"汤姆说。

鉴于网络如何打破过去中心控制的旧世界（例如媒体），汤姆是否认为政府必须要改变？

他相信政府必须承担起提供核心公共服务的角色——部分原因是其复杂性以及对其很高的质量要求。

但是，他说："过去二三十年的争论是关于私有化在提供服务中的角色，下一阶段是关于如何与提供服务的对象共同设计服务的问题。"

"有很多种激动人心的方式可以继续执行这一战略。如果工党能够重新执政，我想我们还会有25年的辉煌的协同设计计划，可能是我们从来没有想到过的。"他说。

政党，就像其他组织一样，一直致力于适应数字时代。汤姆认为在互联网刚出现的10年里，政党都假装其不存在，后来也只是希望通过网络进行宣传动员。

"我认为下一次选举将会出现利用数字化进行组织，然后才会利用它来制定政策。"他说。接着，汤姆又回到数字经济法案的例子上。"这表明我们的议会民主是有局限性的，很多数字时代的原住民组织起来在线反对法案。因为议会的宪法合法性不够，他们非常愤怒。这是因为他们的声音没有在制定政策的时候被听到？"汤姆说。

正确的声音没有以正常的方式被听到，是因为他们被忽略了——垂死的议会以解散的方式结束。

"这完全是一个错误，一个完全可耻的立法以这种方式在议会获得通过是不合适的，而推动它通过的人是商业大臣彼得·曼德尔森（Peter Mandelson）。他应当为推动这个国家不希望的法律顺利通过而羞愧，这本质上就是个错误，并且带

08　开放数据

来了不稳定，因为政府也不知道如何操作。"汤姆说。

他相信议会的流程必须改变以防止类似事情再次发生，他坚持说，当议会已经被解散时，政府不应当继续推动立法。

"这只可能在议会政党领袖默许的情况下发生。在大型的传统媒体的游说下，自由民主党、工党和保守党共同推动了该法案的通过。"

数字世界中"默默无闻的"个人的声音——虽然它们有效地集合在一起去表达反对——无法与直接出现在议员办公室的游说者有相同的影响力。

这一影响仍然通过数字社区被感受到。"这体现了被选举者和选举者之间是脱离的，很多人对于政府和政客很失望。这是一个悲剧，因为政治确实重要，并且会影响这个世界。"汤姆说。

从数字经济法案的争论中得到的重要教训是，我们应当在人们说话的时候仔细聆听（很多重要的讨论都是在线的，而部长们却只在办公室倾听游说者的诉说）。

"有趣的是，从 2010 年开始，有 40 名国会议员开始使用 Twitter，现在可能已经有 460 名，一些人还比较活跃。但是我现在听到国会议员们说'你确定要通过这个法案吗？只有三个或四个人直接通过 Twitter 发信息给我。'这意味着他们知道发信息是一种好做法。"他笑着说。

汤姆相信，采用社交媒体来提高参与议政人数的方法，对于文化产生的影响比我们预期的更大。

数据，以及我们不断提高的处理数据的能力，对于文化产生的重要影响之一，是与隐私相关的问题。汤姆相信这个概念是重要的，并且会持续成为接下来 50 年争论的中心，因为我们对每个人做的每件事会有更多种可能的理解。

"我看着八岁的儿子，想到他会在无法删除的数据印记中度过一生——他们可能是第一代。一方面我很乐观，我们会有一个更高容忍度的社会。我们必须接受人们偶尔做癫狂的事情，例如，一张醉酒的照片不能成为你不雇用这个人的理由。"汤姆说。

但他也看到黑暗的一面，国家监控公民的行为。

"在美国棱镜计划于2013年6月被报道之后，这个话题在全球引起广泛讨论，也揭示了这个黑暗的事实，"汤姆说，"真实的情况是当前（在2013年6月底）我们不知道美国和英国政府收集了哪些数据，没有收集哪些数据。我也不知道是如何授权的，以及数据用于何处，而我可是前任国防部长和内阁办公室部长。我猜想政府的很多部长都不知道这些项目，或者能够想到如何做、做什么，做了哪些好事、哪些坏事。"

从政治的角度来看，这种做法是不可持续的，他说，内阁部长们不知道事情发生，而这些事情却以他们的名义在做。

这在政治上是不可持续的——随着政府变得更加开放，这种情况发生的概率也会降低。

从促使完成这个任务的高级政客的角度来看，开放政府的下一步是什么？

汤姆在最近一次选举中宣布将推动开放政府、改革版权和言论自由，这些都给了我们一些指引。但是他也做出声明，这既不是工党的政策，也不是工党的承诺。

然而，他说："我愿意对那些关注开放政府的人说，你们最终会胜利，你们关于信息自由法案的意见也终将胜利。"

首先，应当扩展范围，以保证由纳税人支付的公共服务的提供者也受该法案约束。这很重要，因为包括英国国家医疗服务体系（National Health Service，NHS）和免费学校在内的政府服务已经开始大规模私有化。

"教育部正在建议人们建立免费学校，以避免落入法案的约束范围。你可以从政府中获得全面的信息，却无法从免费学校获得——作为父母，我觉得这不对。"汤姆说。

扩展到所有公共服务机构这一方法就可以给信息自由法案提供积极的改变。

他提倡的其他变化都是对于规则的微小调整，以保证组织不能针对信息自由法案的请求撒谎。目前必须在20天内反馈，但是上诉却可能拖延几年。他希望调整后，上诉流程更快——保证在那些期望获取这些信息的人放弃之前。"这两个小变化将权力从无耻的官僚手里拿走，返还给民众。"他说。如果他成功，这将会在新议会组成后的100天内发生。

下一步，他希望将影响力扩大。

"缺省的立场在于所有的事情都置于公共领域，除非你特别选择不将其置于公众面前。如果你选择这么做，那就必须确认为何信息不能在公共领域出现。"

"我感觉工党的新领袖，包括更多长期的数字技术使用者（例如预防犯罪的影子部长斯黛拉·克里希（Stella Creasy）博士）……这些人可能会引导文化改变。"汤姆说。

数字原生代入侵所有组织并为其带来变化。为什么政府会例外？

* * *

分享数据、提供获取数据集的路径，是一件非常好的事情。但是所有形式的信息、分享的接口、信息架构对于传播价值是很重要的。例如，围绕书写建立一套规则，将帮助更多的人创造、理解并与之联结。

以更多的角度来分析数据，可以防止人类解读数据时产生偏见。

随着数据规模的扩大，信号的噪声比也会增加，而信号的选择增加了偏见的风险。根据《黑天鹅》（*The Black Swan*）作者纳西姆·尼古拉斯·塔勒布（Nassim Nicholas Taleb）和《信号与噪声》（*The Signal and the Noise*）的作者纳特·西尔弗（Nate Silver）的观点，建立预测模型时有偏见是危险的。

预测模型越复杂，对于创建者偏见的限制就越高，也会给"黑天鹅"更多的破坏空间。它将无法带来新的可能，并基于过去的可能性加以理解。可以确信的一点是，只要有时间，更多的极端事件将会发生。

我们手上无法处理的信息数量越多，我们越有可能产生偏见，在讨论社会问题的时候，这就像一个放大器，导致极端化。

趋于偏见是人类的本性，这能帮我们节省时间，并在进化的过程中提供有用的帮助。因而我们会寻求那些支持我们自然偏见的信息，而不是相反。

当然，还有一些人质疑这种偏见的自我强化是由媒体和信息爆炸导致的。他们认为这也是（以及文艺复兴时代的寒武纪事件）走向极端以及百年来宗教战争和杀戮的原因。

近期的信息爆炸发生在互联网中，是一种新的、潜在的、大量的、激进的思想分歧，即左派和右派。两者都试图证明自己的数据是"正确"的——当然是基于他们的偏见。

对此，一个意义深远的预防屏障来自开放数据研究所（Open Data Institute）的工作和野心。推动更多的可互操作的数据意味着更多人可以获取、理解并基于此工作，这些举措充当了极端偏见的缓冲器，可能在一定程度防止一个偏见发展成为极端偏见。

蒂姆·伯纳斯－李（Tim Berners-Lee）爵士对于网络的贡献在于创建了一个所有人都可以使用的标准。他创造了网络共享协议并持续通过万维网联盟（World Wide Web Consortium，W3C）组织支持其发展。W3C是一个网络标准化组织，通过制定互操作技术让网络尽可能发挥其潜力，做更多的工作。

正如汤姆·沃森议员所说："如果在修建欧洲铁路网络的时候有蒂姆爵士，我们就不会在丹佛遇到麻烦。"

现在他与奈杰尔·希尔伯特（Nigel Shardbolt）爵士一起，共同致力于在开放数据研究所中复制这一模式。希尔伯特爵士是英国政府开放数据计划的咨询专家、人工智能教授以及南汉普顿大学网络和互联网科学组组长。

2013年，在英国召开的G8峰会上，开放数据研究所在全球主要经济体领袖的支持下发布了开放数据认证（Open Data Certificate）。一周之后，G8通过了《开放数据宪章》(*Open Data Charter*)。

英国副首相尼克·克莱格在G8大会总结陈词道，"开放是新的规则"——G8政府同意的五个基本原则之一——承诺政府数据"缺省值是开放的"，对于汤姆·沃森来说，这简直是他听到的最美乐章。

接下来的2013年6月，随着英国国家档案馆发放开放政府许可证2.0版，这一许可证保证国家和地方政府的很大一部分数据可以被少有限制地为企业和个人所利用和重复使用，而且不收取任何费用，前提是必须明确告知信息的来源（而不需要来源的确认），并承诺排除个人数据。

仅仅是在征询开放数据社区之后，许可证就发布了。

开放数据运动已经发展了10年多，开放数据研究所是全世界第一个也是唯一一个关注数据真正开放的机构，其CEO加文·斯塔克斯（Gavin Starks）说。加文的背景非常丰富，包括开发互联网搜索引擎、发起风险投资基金、与卓瑞尔河岸天文台（Jodrell Bank Radio Observatory）一起工作、与他的居住地泰晤士的港口共同合作，同时有自己的个人音乐专辑《二进制灰尘》(*Binary Dust*)。

从2012年10月1日至今，开放数据研究所在奈杰尔爵士和蒂姆爵士共同努力下，吸引了大量的资金。

加文表明，在上一届英国工党政府签署法案和当前保守党领导的联盟政府重新签署该法案的事实，揭示出开放数据的价值已经为所有党派认可。

它旨在提供包括经济、环境和社会的三重基本价值，这对于政府和大多数公开股份有限公司来说越来越重要。三重基本价值的观点帮助我们重新考虑全世界面临的挑战——复杂的、相互联系的挑战,位于伦敦的开放数据研究所希望能够帮助来解决这一挑战。

"我们的目标是促进开放数据文化的进化。开放数据所显现的网络文化,很像早期的互联网,人们对其潜力异常兴奋——但是讨论它远比在其之上的工作要多得多。"加文说道。

为了推动更多人参加这项工作,加文解释道:"我们需要更多系统化的方法,为了社会投资和环境公平,将外部性作为建模时考虑的一部分。"

URL 和 http 协议赋予网络的正是这种连接形式。

开放数据不只是发布个人数据集、健康、法律、住房方面的数据等,而是关乎如何与气候、水资源、农业等领域联系起来共同行动。通过建立和促进标准化,开放数据可以成为识别收益的关键。

"网络工作的原理之一,是以一个标准的方法发布信息,即用一种结构化的方法来创建和存储信息。我们帮助数据发布者理解他们正在发布什么,并围绕用户的需求组织信息,"加文说,"通过创建一个用于分享的机制,网络无可争议地成为历史上最成功的信息架构。"启用该机制,观察网络会发生什么。基于不断出现的网络数据,我们很难预测开放数据能为社会带来什么。

加文坚持认为这不是专制行为——要求所有的信息发布都必须通过同一种方法。例如,Twitter 的应用程序接口可以为开发者生态系统提供一个平台,以便数据可以经常被访问。但是一个直接的、由基本表格文件输出的逗号分隔值格式文件(comma-separated values,CSV)可以同样作为开放数据的一个合法数据来源。

根据开放数据研究所的分析,好的开放数据:

- ❖ 可以链接,更易于分享和讨论;
- ❖ 以标准的、结构化的格式存在,可以方便处理;

08　开放数据

- ❖ 可以保证持续的可获得性和稳定性，值得信赖；
- ❖ 通过任何处理方式实现可追溯，可以找到数据的来源，值得信赖。

加文强调说开放数据不是要求分享所有的个人数据——至少在你明确的、知情的、选择同意的情况下。

例如，NHS在发布何时何地批准药物的时候并不需要分享个人信息。

"我们在考虑他汀类药物（一种降低胆固醇水平的药物）时，考虑是否可以批准以及在哪里可以找到通用的而不是专利的药物。我们通过从健康和数据分析公司召集相关领域专家，发现某一类药物就可以节省超过2亿英镑。"加文说。

开放数据研究所的一部分工作是让主流社会接受开放数据的价值。为了这个目的，他们把为NHS服务节省费用的案例发表在《金融时报》和《经济学人》（*Economist*）杂志上。加文认为，有一个关于开放数据的好故事非常重要。

NHS的故事帮助他们获得了更多的资助，这些资助又可以用在NHS的其他处方药项目中，目前大概已经节省了15亿英镑的药费。

"关于开放的能量，目前还没有足够多的好故事。虽然全球都在推动开放，但我们还在为其建立证据基础。这很像早期的网络。我们在索引方面做了很多努力，而人们则试图通过网络映射开展业务，但是我们还需要花很长时间才能成为谷歌，"加文说，"如果没有市值超过十亿美元的基于开放数据的公司出现在健康或保险领域，我一定会对未来感到非常惊讶。"

数据能为我们做很多工作，但是它却不能独自完成。加文指出，当广播刚出现的时候，出现了很多乌托邦的故事，说它将如何把世界统一起来解决诸多问题，同样的情况也发生在电视、网络和目前的数据上。

"我相信在技术统领的未来，数据将拯救我们，"他说，"但是这仅仅是另一套工具、另一组见解。我们可以利用开放数据做出更好的决策，但是我们仍然需要做出决策,是否要开放数据。"

国家、组织和学术机构都采用不同的机制来发布数据。开放数据研究所正在标准化一些在编译和发布数据的时候需要回答的问题:结构是什么?如何授权?是否包括私人数据,如果有,举例说明?对所有现存的数据集执行同样的问题,可以保证信息更容易被第一时间发现——这也与早期的网络类似。

加文说:"在页面发布了,有工具发现它们,帮助你组织它们。在数据上的应用意味着你可以发现它们,理解它们是什么以及更方便地使用它们——这就是开放数据的目标。"

在 W3C 标准化组织建立之前,网络跌跌撞撞地发展了好几年。开放数据也刚刚起步,首要工作就是通过全球合作开发开放数据许可证。

加文很感谢蒂姆爵士和奈杰尔爵士的支持,他已经从英国创新机构技术战略委员会(Technology Strategy Board)获得 1000 万英镑公共基金的支持,还有 75 万英镑来自 Omidyar 网络——由 eBay 创始人皮埃尔·奥米迪亚(Pierre Omidyar)和妻子建立的慈善投资公司。

很多公司已经成为其会员,包括维珍集团和 Which 服饰公司。

但是,很少有雄心勃勃建立企业和非企业桥梁的新机构可以获得国际的支持和认可,如同开放数据研究所在 G8 会议上被商讨的那样。

"将开放数据作为 G8 会议的日程并签署《开放数据宪章》是非常令人惊喜的,这一点毋庸置疑。这帮助我们进入政治议题的领域,并且现在政治领袖们正在帮助推动开放数据,"加文说,"如果能让美国总统签署法令,要求八国的政府数据可以被机器阅读,那么很明显我们就取得了很大的进展。"

"我们处在一个新时代,人们可以利用开放数据产生洞察力、思想和服务,为所有人创造一个更好的世界。"加文充满热情地说。

但是签署文件并没有结束。开放数据研究所正在与世界银行合作一个持续两年的项目，目的是培训世界领导者制定自己的开放数据政策。

到目前为止，20个国家已经表达了兴趣。是的，包括后棱镜计划（情报机构监控民众使用互联网的项目）的美国和英国。利比亚、印度尼西亚和中国都参加了；27个公司也签署成为会员。

开放数据在W3C诞生后的一年并没有进入政治议程，而是在开放数据研究所成立的一年后，才进入政治议程。

不是每个人都可以跟上潮流，即便网络出现20年之后，音乐和电影行业仍然在由新技术带来快速变化的消费者行为方面适应得很缓慢。加文说："一些公司认为网络是它们的未来，其他的却认为是风险。不参与的风险大大超过了参与的风险。对于开放数据也是如此。"他补充道："转型意味着颠覆，它有强大的领导力（至少从政治领袖那里可以获得），因为开放是新的规则，是颠覆性的。"

政治领袖的参与已经带来成效。

"我听说四名非洲领导人将公布国家所有的采矿／精炼合同，允许人们了解资金从哪里进入他们的国家，以及去往哪些国家。"

想一想他们可能提出的问题。

企业在开放数据中面对的冲击力，如同网络带来的一样。在看到这个趋势到来的时候，开放数据研究所的CEO会给我们提供哪些建议？

"我会问你有哪些可能给别人带来价值的数据？如果你没有在使用，那就尽快让它成为开放数据，即便只是为了创造交易量的目的。"

你启动了互施恩惠，必定会从中获益。

加文说："如果其他人从数据中发现了利益，就可以一起探讨商业模式，保证企业继续运转，例如可以通过授权的方式。我也在观察可以提供什么样的数据。如果竞争对手免费分享了我认为的私有数据集将发生什么？是否需要因其改变商业模式？分享什么样的新数据集可以为我和我的客户带来价值，如何做出规划？同样，我也会问数据存储的商业化会发生什么——全部分享出来。这将实现真正的转型和颠覆，激进地改变市场，导致更多的市场民主化。"

开放数据研究所正在孵化基于开放数据的新企业。一个已经结束第一轮融资，另一个刚刚结束 A 轮融资。

加文对基于开放数据建立成功的商业模式没有任何怀疑，他说道："我们在研究未来的商业模式，一些有类似的形态，另一些则完全不同。你必须重新改变自己来应对变化。"

拥有数据是过时的、封闭的商业模式，分享是面对未来的开放世界的、新的商业模式。

目标状态 / 错误示范

你给你的企业打多少分（5 分制）

目标状态（得分：5 分）

从组织产生的和收集的任何数据都开放给公众，如果可以，通过这个分享创造更多的公共利益，例如，应用程序接口。所有的数据可以从内部和外部检索，理想的情况下，所有数据都应当获得开放数据许可证。

错误示范（得分：1 分）

数据被小心地保护并秘密保存。认为竞争优势来源于对数据的拥有而不是合作。

08 开放数据

第一步……

如果当下阶段,你对你的企业评分很低,那么不妨从以下几方面入手去改善。

- ❶ 识别你拥有的数据。
- ❷ 评估哪些数据对你来说几乎没有价值。
- ❸ 开放这些数据。
- ❹ 考虑成为开放数据研究所的企业会员,以获得更多的支持。

The 10 Principles of Open Business
Building Success in Today's Open Economy

09 | 透明度

定义

公开分享决策及其所依据的标准。

大多数情况下，透明和开放是同一个意思，二者缺一不可。

当你选择透明并向着开放前进的时候，你几乎不可能不遇到困难。这也是最让商界领袖感到恐惧的原则。

我们已经习惯了保守秘密。我们在知识产权上的价值观扭曲了我们的做法。它迫使我们把文件柜上锁，在我们的电脑上设置密码保护。在很多情况下，这种保护级别甚至达到了大多数个人银行账户的安全级别。首先，我们自己建立了不透明原则。

我们之所以这样做，是因为我们认为，阻止竞争对手了解我们所知道的内容可以让我们保有竞争优势。

当然，某些领域也存在秘密配方——苏格兰国民饮料 Irn Bru 的配方；肯德基上校的香草和辣椒混合香料配方；可口可乐的配方。

问题是，大多数公司都是这样推断的：如果某些知识产权应该被锁在密闭的保险柜里，那么所有的知识产权都理应如此。将知识管理的业务交给 IT 部门和后勤部门管理，在很大程度上是一个过度反应。

这不仅是一个错误的"如果……那么"逻辑，而且如果考虑到好的、分布式决策的价值，这就是一个代价高昂的错误。

09 透明度

至少你要在保密和知识之间找到平衡点。首先，你要思考如何将知识分配给需要的人，并如何加以利用。

透明度带来的一系列好处如下。

它确保组织做出的决策与其目的一致，与它所宣称的愿景一致。如果你说你要做某件事，并且你的报告是透明的（在我们互相联结的世界里，你可能没有选择的余地），那么透明度会使跟踪和管理更加有效果。

它可以推动业绩的逐步改善。保持透明意味着你有一群有兴趣的观察者为你提供检查和平衡来保护和指导你。

这意味着你可以吸引合适的员工、合作伙伴和客户。在敞开心扉的时候，你会展示出公司的实际情况，这也会让你更容易与最适合的人和企业相匹配。

它可以减少不受欢迎的决策对你的影响，因为在它背后有诚信和公开这一基本原则作为支撑。在决策过程中，保持开放可以提高你对客户和供应商的吸引力和他们对你的信任。

它修正了不平衡，确保了在团队中共享相关信息，从而创造一个更公平、更高效的工作场所。

为什么所有这些都非常有价值？

我们不妨以沃尔玛公司为例（沃尔玛每年有超过444亿美元的产值，在全球雇用200万雇员——这并不包括供应链环节的人员），这个零售业巨头相信透明度会帮助它成就可持续性发展的目标。

它推出了一个可持续性发展指数，公开表明它的供应链可以用以下标准来评判：

- ❖ 由100%的可再生能源供应；

- ❖ 零浪费；
- ❖ 销售能使人类和环境可持续发展的产品。

与可持续性发展战略相关的成员们坐在沃尔玛决策机构中的关键位置，让公司承担责任。

在英国，沃尔玛公司的供应链就是阿斯达公司的供应链，这个可持续战略到2020年将为其节省800万英镑。

有趣的是，在2013年7月第一次哈瓦斯品牌调查（Havas Meaningful Brands Survey）中，阿斯达公司优于它的直接竞争对手，在英国排名第四，仅位于Clarks、玛莎百货（Marks & Spencer）和谷歌之后。该调查的排名主要根据品牌对生活质量的影响的几个参数，其中包括健康、幸福、财务、关系和社区。

沃尔玛在很大程度上希望做到透明。但是在透明度上，你将走多远，抑或你能走多远？

想象一下，每个员工的薪水都是透明的？害怕透明度的人会说："这将带来混乱、诽谤、吵嘴、挫败感等，最终将导致崩溃。"

然而，我们期待的是政治家们的透明度；我们期待的是公开股份有限公司董事会的透明度。你可以在互联网上找到BBC公司的高级管理人员，不仅可以找到他们的薪金细节，还可以找到并下载他们的报销单的PDF文件。

南非企业家亚瑟·艾特威尔（Arthur Attwell）认为，团队中每个人都应该知道其他人挣多少钱，尽管他解释了很多，但是开放式商业思维的提倡者还是认为他疯了。

亚瑟是南非沙特尔沃思基金会（Shuttleworth Foundation）的研究员，该基金会进行了一个公开慈善的项目，就是为那些致力于改变世界的创新者提供资金。在亚瑟的职业生涯早期，他为跨国出版商牛津大学出版社和培生公司工作。他注意到现在世界的发展趋势是在向不透明转移，正如我们前面描述的那样。

09 透明度

"最让我担心的事情是，员工实际上不理解是什么让公司运转正常，直到我在工作的公司遇到了一位特别的管理者，他非常专注于确保他的经理们都能真正了解公司的财务状况，这时我才认识到这一点。"

亚瑟说："我当时22岁，和这些人一起深入了解了公司的财务情况，这大大提升了我的工作能力。几周后，我意识到，自己在比以往职业生涯中的任何时候都更有能力做好一份工作，也更了解公司需要我做什么。"

他第一次体会到了透明度带来的好处。这是一种他喜欢的工作方式，这也推动他建立了自己的三家公司，每家公司都专注于成为开放式企业。

"我发现，富有成效的员工是那些真正了解公司财务状况的人。员工与如此多的信息隔绝——包括薪资信息。公司的任何保密制度都能使员工感到不安。如果你隐瞒信息，如果他们没有获得自己需要的信息，他们可能就无法好好工作，"亚瑟说，"保密源于决策者的一种恐惧感，即员工不能掌握老板所掌握的全部信息，我认为这是不对的。"

如今，亚瑟专注于他的新公司Paperight（他是该公司的创始人和CEO），该公司目前只有八名员工。

"我想在我们这样的小公司里，实行薪酬透明的政策要容易得多。但我认为，对于一家大公司来说，这些原则可能是类似的。"亚瑟。

亚瑟之所以这么认为，是因为他认为薪水的秘密"就像在你的企业中存在一枚随时可能爆炸的手榴弹一样"。

"这是一枚定时炸弹，因为当一个人因为某些原因而不开心时（比如一个不喜欢的同事，或者他觉得被人欺负，或者他觉得自己工作过多），他就会去寻找薪酬信息。

"因为对他们隐瞒薪酬信息，他们觉得这可能能解释他们为什么不开心。是因为他们的薪水比他们的同事多？"亚瑟说。

保密性使它更容易引起人们的兴趣。"就像你正在藏一些东西，吸引人们去探查。"亚瑟接着说。

问题是，你隐瞒不了。只要下班后和同事喝几杯啤酒，你就能知道他们赚多少钱了。

于是，他们认为解决问题的办法就是他们的薪酬。

"他们会想，'如果我得到更多报酬，我就能忍受过度工作或欺凌'，或者任何使他们不开心的事儿。"亚瑟说，"让薪酬透明化意味着你可以消除公司里手榴弹爆炸的可能性。"

这也给企业领导者施加了很大的压力。

"如果每个人都知道我的决定是什么，我就不得不证明关于薪酬的决策是合理的。"如果薪酬是隐性的，作为一个管理者，就特别容易根据员工在工作面试中的谈吐表现，或者你自己的想法以及对此人价值的偏见，给予他们完全不同的薪酬。

"这迫使我更加公平——这反过来也激发了团队对我的信任。"

而好处还有，透明的薪酬意味着你必须能够向同事证明你支付的薪酬是合理的。

开放式商业思维的一个有价值的产出就是，公司不再等级森严，收入水平也不可避免地会变得更扁平化。

亚瑟并不是为了透明度而犹豫不决。

"我真诚地相信，如果员工能正确地理解他们对公司的重要性以及他们所扮演的角色，就能提高生产率。"很多人——甚至是无意识地——认为自己只是大机器上的一个小齿轮。这就导致了一种态度，即不管他们是否在某一天投入了1个小时的工作或20个小时的工作，他们都会始终觉得，没有他们，大机器仍将

09 透明度

继续运转。

"他们对自己的付出产生了一种疏离感,"亚瑟说,"我由衷地认为,如果员工能正确地理解他们对公司的重要性以及他们的职责,就能提高生产率。"很多人几乎都无意识地认为自己只是大机器上的一个小齿轮。

没有透明度,人们很难在工作中找到意义。没有意义,就没有事业心,更没有快乐。有了透明度,人们就会明白他们的工作是有意义的。"我真的觉得通过这种方式,工作效率会更高。"亚瑟说。

他还认为,与合作伙伴保持透明将建立信任。他说:"当和那些对我隐瞒信息的合作伙伴一起工作时,我会感到非常不安。"

换句话说,透明度会带来合作的好处——让更多的合作伙伴能够更有效地合作。

透明的好处还在于,这位 CEO 不用被迫把时间、精力和资源集中在保护知识产权上。

"因为我们没有任何内部秘密,我不需要浪费任何时间来保护内部秘密。而很多公司不得不试图花费大量的时间和精力,从公司内部和外部收集信息。我们不担心谁知道什么——我们只是继续向前进。"亚瑟说。

他并不是盲目地这样做。他充分意识到,总有一天,他的业务模式会因为泄露出的一些信息被竞争对手窃取。

但他表示:"车到山前必有路,船到桥头自然直。"

亚瑟宁愿承担这种间接攻击带来的微小风险,也不愿意失去透明度带来的好处。

"按照你知道的去做,而不是按照可能发生的去做。我现在知道的是,公开透明会让我的工作变得更公正、更有效率。"亚瑟说。

亚瑟的工作就是拓宽信息的获取渠道。在这种情况下，任何不透明的东西都没有意义。

Paperight 公司的核心业务是版权市场。这是通过将一系列复印店组成的网络变成按需印刷的书店来实现的。在南非及其他发展中国家，书店很少见。网络接入也远远没有普及。即使在有网络接入的地方，大多数人也没有可以用于网上购物的信用卡。因此，增加现金支付网点的数量就有助于扩大人们获取基本信息的渠道。

"发展中国家的每个城镇和村庄都有复印店。不过由于种种原因，它们都不是经济活动的中心。在当地，他们是实际的书籍的生产者，这通常是非法的——在没有书籍的地方复印书籍。"亚瑟说。

亚瑟举了卡雅利沙的例子。卡雅利沙位于开普敦附近，被誉为南非最大、发展最快的乡镇，大约有 200 万人口（他估计）。在这里，没有书店，只有五家复印店。"我们为这些复印店提供能供消费者使用的合法内容，从本质上来说就是试图通过让他们支付许可费来合法印刷书籍。"

店主们在 Paperight 网站上注册，一旦有顾客进来要他们下载一本书并打印出来，Paperight 公司就从预付的账户中收取少量的许可费，并从中扣除向出版商支付的费用。

80 家出版商已经与南非的 180 家书店签约，其他地方也有一些。大多数出版商都是非洲人，但大约 20 家英国和美国出版商也签署了协议。这其中包括 O'Reilly 传媒公司、英美主要的爱情小说出版社和两家学术出版商。

亚瑟工作的原则之一就是开放市场。

"我们正在向有打印机和互联网链接的人开放图书销售业。这对我们很重要，也很有实际意义。"亚瑟认为。

对于大多数生产企业而言，对产品进行端对端的控制是一个挑战，然而

09　透明度

Paperight 公司无须面对控制成品质量，也无须控制最终用户的体验，也没有对复印机、油墨、装订等的最低数量的要求。

"如果你能打印，你就可以卖我们的书。我们不介意它是黑白的还是彩色的，是用订书钉还是用活页夹装订，这是来自下沉市场的需求。不过，这是根据我们的原则做出的决定——因为我们想要对所有人开放市场。"亚瑟说。

"我们不控制客户体验，但这是我们愿意采用的一种权衡，因为市场的开放性比制造准入壁垒更重要。"

最好的实践经验被分享，最终将形成操作手册。对于想经营一个大型复印店的人来说，这个手册就像一份特许经销商指南。它会以开放许可证的形式发布，用户也可以按照他们所选的方案获得图书。

这将有助于复制成功的案例。当一本书在某些复印店平均每月的销售量低至两本时，一些复印店可以卖到每月 150 本。

然而，对读者来说，图书的这种按需销售方式代表的仅仅是图书的线下处理方法，可能让你吃惊的是，许多情况下，一次性印刷的成本比批量印刷的成本更低。价格由三个因素决定：出版商设定的许可费（Paperight 公司收取 20%）、复印店每印一页的价格，当然还有书内容的长度。

通常来说，高等教育教科书会更便宜，部分是因为对于买家来说，在一本 800 页的书中仅仅选相关的 200 页。这个模式就像允许 iTunes 对音乐产业中的每张专辑进行分解，按曲目交付给消费者。购买 Paperight 公司的书的消费者平均节省了 20% 的成本。

无论使用这个平台的复印店还是出版商，用到的合同都设计得尽可能简单和透明，语句短小精悍，语言朴实无华。更重要的是，它们是非排他性的，你可以随时取消。

"对我来说，开放式商业思维的一个重要原则就是允许参与者可以随时退出。

例如，如果我使用谷歌的邮件、电子表格、文档服务，我可以下载所有我的数据，关闭服务，带走所有东西。"亚瑟说。

这同样适用于 Paperight 公司。出版商和店主可以关闭他们的访问权限，可以在他们选择的任何时间退出，没有任何限制。

这对很多关于商业的假设提出了挑战，特别是对给企业评估的人。正在执行的合同都是以公司的净值来计算的。事实上，评估的真正目的是通过收入流来衡量企业的强弱。合同保证收入，但能持续多久？强制执行合同的时候，就是你认识到关系已经不可弥补的时候。

我们越来越看到信任的重要性，但信任不是指合约。

"这导致了一些有趣的讨论，我们的合同允许出版商在任何时候以任何理由取消，"亚瑟解释说，"这让一家出版商的法律团队感到困惑。他们先问如果发生了某种情况，他们可以解约吗？我们回答是，任何理由都可以。他们在离开后又想到了另一种意外情况，于是又问如果发生了第二种情况呢？我们回答任何理由都可以。他们还是不放心，如果又发生了其他不同的情况呢？我们依然回答是，任何理由都可以。这让他们非常惊讶，一家企业宁可依赖行为和品质来维护关系，也不愿依赖合同。"

建立和维护透明的文化取决于招募那些相信这种工作方式价值的人。目前，Paperight 公司的每个人都参与了对候选者的面试，每个人都有发言权。但这是双向的，候选人也会去感受每一个可能和他一起共事的人。

"团队很小，这是很容易做到的，关键是找到适合我们的人。"亚瑟说。

但他确实想到了一种方式，希望借此能推广这种方法。

他给人们的职位描述只有三行字，而且没有日常工作职责清单。

每个人都必须有在公司拥有自己位置的野心。

09　透明度

"这就是为什么我们没有传统意义上的职位描述。我们最多有三个责任要点，对有些人来说也可能是一个或者两个要点。这意味着那些要点中的东西是你要考虑的问题，这也意味着人们必须参与的不仅仅是一个由KPI定义的任务列表。"亚瑟说。

另一个标志是，我们在开放式商业思维中看到了远离电子表格的趋势，因为电子表格无法恰当地描述人的行为，而人的行为才是商业功能的核心。

透明的企业需要开放地做决策，而且需要开放地评判这些决策，但这并不一定意味着一人一票。

"Paperight公司鼓励每个人都应该对决策制定做出贡献，但你不能做得太过，否则会导致效率变得低下。

"我们不想为了民主而民主，我们的民主是出于对效率的考虑。我认为开放式商业思维有时需要仁政的因素。在封闭的公司里，人们可以在不透明的环境中做决策，不用为这些决策做出解释，因此也没有人真正承担责任。在公司中，所谓的'透明'就是，某人不得不公开地说，'好吧，我将做这个决定，这就是我打电话的原因。我支持它，来吧。'"亚瑟说。

这种透明是有限制的。虽然亚瑟准备讲述他能从每笔交易中获得多少利润（如果出版商对许可收费5美元，他会赚20%，即1美元），但他不太愿意公开公司财务的细节。

一个充分的理由是，这样做，他将冒着让其他人的生意也变得透明的风险——而他没有权力这么做。

"你必须在意是否因为透露你的信息，或者透露了其他人的信息，而让别人不快。这就是我们现在的红线，也就是说X公司所透露的信息不是我们要透露出去的。"亚瑟说道。

因此，重要的是只和那些也同样寻求透明的人共事么？你能通过和那些人共事来影响不那么不透明的企业吗？当周边的每个人都抗拒的时候，你能做到真正的透明吗？

亚瑟解释道："我们开始与一些非常大的出版商合作时，我们不得不接受这样一个事实，有些出版商是非常不透明的，没错，不透明。我不确定 Paperight 公司能教会他们多少，但是 Sourcemap 公司这样的组织可以做到。"

Sourcemap 公司是麻省理工学院孵化的创业公司，专做供应链的众包名录，它的理念就是客户有权知道产品从哪里来，用什么材料做的，对环境和人有什么影响。

据公司创始人兼 CEO 莱昂纳多·博纳尼（Leonardo Bonanni）博士介绍，公司的目的是在不久的将来，当你扫描货架上的产品时就能知道它是谁生产的。

很多公司现在来到 Sourcemap 公司寻求帮助，因为供应链（或者更准确地说是供应链网络）已经变得如此复杂，以至于它们经常自己都无法追根溯源。在这样的情况下，代表企业做它们关心的工作是有偿的，这种分析有时涉及供应链网络中的成千上万个节点。

"因为这些公司已经为此付钱了，于是它们想要把这些信息保密，"亚瑟说，"博纳尼博士告诉我，过去的几年中，这些公司已经开始意识到了解其他公司的供应链也是有价值的，于是它们愿意分享自己的供应链信息。"

看起来，必要性是透明度之母。这推动了客户之间的数据共享，或者在某些情况下完全开放数据，以便我们更好地了解我们的行业。

"在这种情况下，开放具有传染性，"亚瑟说，"我希望同样的事情会发生在 Paperight 公司上。"

对于沃尔玛来说，在本书第 1 章提到的乐购似乎才是向透明模式方向勇往直前的大玩家。

09　透明度

亚瑟建议，一旦你将房子收拾得井然有序且你表现良好，这就可能是一种可以变得透明的信号。

"在某种程度上，你变得透明是因为你对你的所作所为感到骄傲。"他推理道。

那些自身经营状况不佳的企业不能做到透明。随着客户越来越习惯将透明度作为一种新常态，他们很快就会开始把不透明度当成一种需要隐藏的东西。

这将成为企业需要避免的标志。而这确实会带来很高的成本。那么，如何避免这种情况呢？亚瑟建议你必须从内部开始。

他认为："在你开始将对外关系透明化之前，你很难把它融入企业的DNA中，在我的企业经营经验中，我觉得对我帮助最大的地方是关于工作职权的理解——让你的员工在他们的工作中说了算。"

"这听起来可能和透明度没有直接关系，但如果给某人直接相关的工作职权——假设你是一家印刷企业中的机器看守者，通常你的工作是确保机器运行良好，而你的老板会告诉你要确保机器运行良好需要做什么……相反，如果你对那个人说，'这台机器你自己来运行，你想办法确保它的最佳运行状态。'赋予员工工作职权，首先你要让他们对自己的工作感兴趣，并对他们的工作如何与公司业务相契合感到好奇。作为一个决策者，反过来会促使你和他们开始分享更多的业务信息。你开始为组织本身的透明度创造真正的支持。"他继续说道。

***

对于荷兰智能手机商Fairphone来说，透明就是使命，如果将其应用于供应链，最终将实现世界和平。

公司CEO巴斯·范·亚伯（Bas van Abel）意识到，这对于一家小型社会企业来说是一个巨大的野心，但选择制造智能手机让它变得可行。

正如 Fairphone 公司网站所言："你可以从一部手机开始改变产品的制造方式。让我们一起逐步开放供应链并重新定义经济。"

Fairphone 公司所做的一切是尽可能地透明，从列出每个供应商开始到提供成本的完全分解，让买家知道他们的钱到底花在了哪里。

这种强烈的目的性，再加上默认的公开透明，吸引了一群支持者。他们不仅为设计和规范做出了贡献，现在还为一家处理复杂的国际供应链的小公司提供了宝贵的商业建议。

当 Fairphone 公司为了将智能手机投入生产而寻求众筹时，他们在一个月内筹集了 400 万欧元。

"这更像是我们的一种理念或愿景，而不仅仅是制造一部手机。"巴斯告诉我，手机只是一种创造系统变革的人工制品。

"我的上一份工作是在荷兰非营利社会创新组织 Waag Society 担任创新总监，我一直试图在社会中以一种有意义的方式应用技术，"巴斯解释说，"这意味着我要致力于开放数据、开源软件、知识共享，以及我自己在开放设计和创新方面的工作。"

这方面的一个表现就是他使用了微观装配实验室（Fab Labs）——世界各地的微观装配实验室所使用的技术都源于麻省理工学院。

实验室使用 3D 打印机和数字自动化铣削技术将生产按需分配。巴斯和团队使用了印尼的生产技术，在当地只需要 50 美元就可以完成假肢的生产，而不是以高达数万美元的成本进口类似产品。

"这完全是草根创新和分享。为了分享，你需要透明度。"巴斯说。

但 Fairphone 公司想要改变世界的使命也对透明度提出了限制。巴斯认为，如果你的每一步行动都被观察到，你就会成为风险规避者——而承担风险对于创

09　透明度

新非常重要。

在外行看来，你可能不会做一些看起来很奇怪的事情。因此，透明度也是一件危险的事情。

但是，他补充道："透明有利于你承担责任，也给你赋权，并与你周围的世界建立联系。"

如果你不了解或者不愿了解你所作所为的后果，你就无法与更广阔的世界建立这些关系。

在无知的状态中，透明度是不适用的。设计师有可能将文件发送到世界各地，然后将产品收回，而无需对原材料或相关劳动力的获取或处理承担任何责任。

巴斯在与他人合著的《现在开放设计》（*Open Design Now*）一书中详述了自己的想法，他担心大公司会因为他们的供应链而陷入倒闭的境地。越注重成本效益，最终就越有可能找到最具剥削性的供应商。因此，如果你不能为你所做的事情感到自豪，那么你就不会是透明度的拥趸。

"我们希望在供应链中进行系统性变革，许多人已经知道服装供应链是如何运作的了。"巴斯说。

我们能看到很多这样的不幸新闻。例如，2013年5月，孟加拉国达卡一家工厂发生火灾，数百名工人因不正规的工作环境而丧生。在智能手机领域，情况甚至更糟。人们不知道，在过去的15年里，刚果有四五百万人死于与手机相关的采矿冲突中。

Fairphone公司默认是透明的（开放的）。这做起来非常困难，透明度甚至意味着在Fairphone公司还没有拿出一分钱给中国的工厂之前，就坚持让潜在的生产合作伙伴提供所有供应商的清单。

"苹果花了10年时间公布了所有产品的供应商名单，但你仍然不知道这里面的哪家做了什么。"巴斯还表示："我们以开放为动力。如果你的首要目标是开放，可能一些公司会回避，而另一些公司会欣然接受。"

因此，对于Fairphone公司能够并且应该与之合作的公司而言，透明度是选择的过滤器。

Fairphone公司可能是世界上最小的手机制造商。在与世界上一些最大的跨国公司竞争的时候，不可避免地会妥协。

"我希望能够展示这些妥协，因此在我们的博客中会提到，我们的供应链中仍然存在童工问题。我们知道我们不能一下子改变一切。"巴斯说。

Fairphone公司的影响不仅限于其自身的活动。

"我们的策略也是帮助大公司的员工从内部做出改变。我们的透明度，表明我们与其他公司是有区别的，这让大公司能够以不同的方式对待我们，对我们更加开放。我们引发了一场运动，而不仅仅是另一家手机公司。"巴斯说。

Fairphone始于一场商业活动，接着成为一个非营利组织，最后变成一家公司。

如何让大型组织就像Fairphone公司那样能从透明度中受益？

巴斯认为这很难，他建议应该考虑支持一系列基因里就带有透明度的初创企业。向你接触的公司学习，并将所学到的用到你自己的组织中。把你在自己的公司里无法实现的雄心壮志放在这些初创企业里。

"大公司的CEO们给了我很多怎样做事的建议。他们知道如何制造颠覆性的东西，但他们就是无法在自己的公司里实践。他们通过我来做有趣的事情，我给他们提供平台去做。"巴斯说。

他说，从实践中学习，甚至是向别的初创企业学习。

目标状态 / 错误示范

你给你的企业打多少分（5 分制）

目标状态（得分：5 分）

决策是公开进行的，决策过程也向全体员工、股东和向组织问责的人公开。董事会会议（在合法范围内）以网络直播或网络研讨会的形式对所有人公开。

错误示范（得分：1 分）

决策是关起门来做的，不做任何解释。只有在法律要求的情况下才能共享记录。

第一步……

如果当下阶段，你对你的企业的评分很低，那么不妨从以下几方面入手去改善。

❶ 为你所做的感到骄傲。如果你不能做到，那么透明永远不会对你有好处，先解决这个问题。

❷ 如果你对自己的工作感到自豪，并且想提高透明度，首先就要让员工在他们工作中自己做主（如果有必要的话，简化职位描述来明确工作职责）。

❸ 当他们开始要求更多的业务信息时就让他们当老板，然后你开始诚恳地回应，并搭建一个基础，以便在此基础上构建更大的透明度。

The 10 Principles of Open Business
Building Success in Today's Open Economy

10 | 成员至上/客户至上

定义

组织围绕员工、客户、合作伙伴正式的共同合作而展开业务,以实现彼此的社会、经济和文化利益。

谁都希望以客户为中心。我们从未见过没有这个雄心抱负或不想创新的董事会。但以客户为中心只是作为开放式商业思维进程中的一小步。大多数人都同意这是既定的。但作为客户,在我们与大大小小的组织的互动中,每天都会发现事实并非如此。

尽管管理者们有以客户为中心的意图,但其战术思维常常会打乱它。他们首先会想:"这对我们有什么好处?""我们如何利用这些数据?"

管理者们在与我们的互动中一次又一次地表现出来这种想法。

当然,他们应该考虑"这对我们的客户有什么好处"。在任何情况下,确定什么对客户有利都是成功的第一步。

尽管以客户为中心值得称赞,但这仍意味着你需要努力为客户做点什么。

"成员至上"意味着你必须以一种完全不同的方式去考虑你与消费者的关系。很快重点就指向了伙伴关系。如果你的客户是你的合作伙伴,那么现在你希望与他们一起做点事,而不是为他们做点事。

由你的客户主导可能听起来有点激进,但这只不过是合作运动200多年来一直在寻求的结果。

作为合作的一员,你有一定的组织所有权。总部位于英国彼得伯勒的安格利亚区域合作社（Anglia Region Co-operative Society，ARCS）就是一个典型的例子。不管你拥有多少所有权，你都拥有一票投票权。任何人都可以参选并被选为董事会成员。董事会对关键业务决策拥有执行权，这家雇用了1800名员工的企业经营着27家零售店、24家殡仪馆、15家旅行社、3家美容院、1家发廊和2家百货公司。

ARCS的CEO约翰·奇科特（John Chillcott）有着传统零售的工作背景，长期参与合作社事业。他掌管着食品杂货－旅行－加油站业务，在东安格利亚地区的合作经济发展中发挥着主导作用。

"你的会员就是你的客户。我们希望他们在每件事上都能有所不同，包括售卖什么（是这样吗？还能更好吗？我们怎么能让他们参与进来呢？）、组织实际运营的所有方式、通过董事会、区域委员会的民主参与过程。

"例如，我们正在开发一套程序，能够为每个商店的顾客或会员建立一个当地的区域委员会来提供信息。一些较大的合作社已经建立了区域委员会。最终，我们希望改变我们做交易的社区。这就意味着让会员和你一起参与'如何分配利润'。当然，最大的挑战是协调这一过程。"约翰说道。

ARCS有20万成员，他们目前参与得还不够。约翰想找出方法来最大限度地利用社区参与与他们有关的组织的真正意愿，这对他们很重要。本地的零售商店可以是一个例子。

对约翰来说，这意味着选择一个城镇作为试验基地，他们选定了英国萨福克郡黑尔斯沃思的一个相对繁荣的小镇作为试验基地。"现在有四到六个项目在当地进行，那里的社区对我们所做的非常满意，并邀请我们参加他们的各种委员会。"约翰说道。

"他们都很热情地参与。我们赞助社区巴士，但这不仅仅是贴个我们的标志而已，我们还为组织社区委员会服务，如此等等。他们现在正在考虑开办一所新的中学——一所与我们合作的学校。"约翰说道。

"当你开始与一个城镇打交道时,你可以做很多事情。困难是当你有100个零售网点时,你要试图使其在这个规模上正常运转。"

约翰认识到解决方案可能取决于当今通过网络使用的一些新的通信技术。他正在探索如何通过对会员直接进行调查来帮助会员建立应有的归属感,以及来自社交媒体的相关数据和通过社交媒体建立起来的关系是如何将合作社委员会的民主向更多的会员开放。

没有人会说,为了解客户的意见而花的钱是一种浪费。但我们需要关心和分享的是回报(这有点像老套的合作广告词)是什么?

结果自然是信任。但是,我们能提出一些具体的反对意见吗?简而言之,成员至上给企业带来的好处是什么?

依赖于网络世界的互联性,让我们能够找到其他人为了共同目标以合作的方式,而不是命令和控制的方式一起工作,这似乎是达成的基本共识,它更符合互联网带给我们的新兴社区价值观,也创造了一种对财产的共同所有权的归属感和责任感。

在把客户变为平等的利益相关者(别忘了每个会员都有一票投票权)的过程中,我们有理由在对大型组织和品牌的忠诚和信任度不断处于下行压力的世界中继续保持这种信任关系。如果你觉得自己能影响别人,你就会觉得自己很有价值。我们从那些转为线上影响者的品牌身上看到了这一点,这些具有影响力的品牌可以帮助客户共同创造产品。合作提供了共同创建企业的机会。

在困难时期,它消除了雇员和雇主之间的紧张关系。如果你是组织的一员,如果你参与了影响组织的决策,你就会更有动力——更乐意接受。

约翰指出,零售商约翰-路易斯集团(John Lewis)至少在和员工合作的方式上遵循了许多合作原则,它可谓英国在经历三重衰退期后最成功的故事,要知道在过去的五年里，英国和世界上的大多数国家一直在苦苦挣扎。

英国合作社（Co-operatives UK）的秘书长埃德·梅奥（Ed Mayo）表示："在经济困难时期，集体所有制是一种完美的商业战略，因为你有客户和员工的支持。参与者分享利润的想法现在得到了广泛认同，但很少有公司能像合作社做得那样好。"

2012年1月，英国合作社发布的一份报告显示，英国合作社经济连续四年增长（达到356亿），超过了英国同期的国内生产总值（GDP）21%。

全世界大约有10亿人是合作社的成员。在黑尔斯沃思实验的案例中，约翰认为实际上这种益处越来越明显。

在黑尔斯沃思，英国最大的连锁超市乐购打算在英国合作社食品商店隔壁开一家新乐购店。

当乐购准备在这里开一家新店时，由于竞争加剧，作为镇上唯一的大型零售商，英国合作社期望能得到当地社区的支持。

关键时刻，当地社区站出来强烈反对——因为社区中很多人都是ARCS的成员。

"我们非常感恩黑尔斯沃思来征求我们的建议，并击退了乐购的提议。这几乎是英国仅有的因合作社而带来不同的城镇之一。如果我们是森宝利超市，我认为当地社区对乐购的到来不会有太多反对意见，因为人们只会认为这是两家公司的争斗：大交易，和他们无关。但被乐购挑战的英国合作社对他们而言，就是一个社区问题了。他们感到了一种真正的参与感——尽管还没有所有权。"约翰说道。

结果是，乐购没有获得许可，而合作社仍然是镇上唯一的大型杂货零售商。因此，合作社凭借成员至上的理念，通过创建一支积极的支持者队伍，保住了其市场份额。

像这样的例子可以解释为什么乐购也在通过向开放式商业转型来重建与客户的联系。

但底线并不是对组织唯一重要的衡量标准。如果你想让客户和你一起踏上一段共同的旅程,那你最好能让他们知道,你的旅程不是以他们或他们孩子周围的世界为代价的。

成员至上会迫使你理所当然地行事(这也是开放资本的好处)。约翰说:"我们现在正在实施社会影响措施。作为合作社,你必须用心去领导。你不能指望这些措施在短期内对当地商店的盈亏产生影响,这毕竟是长达一个五到十年的合作和建立忠诚度的过程。"

他的合作社正在进行。并不是每次都能赢。当剑桥郡拉姆西附近发生类似的情况时,当地居民看到了企业入侵者(又是乐购)在社区中心以提供的"收益规划"作为甜头,于是接受了这个胡萝卜。约翰认为这其中有社会经济因素在起作用。"从拉姆西的例子可以看出,在经济困难时期乐购就有机会用一个更高的价值定位动摇他们。"约翰说。

合作社并不总是在财务上处于劣势,它寄期得到社区的支持来迎战新的挑战者。20世纪70年代,这种合作模式在英国的市场份额与如今的乐购相当。在第二次世界大战后,合作社在许多方面承诺提供从摇篮到坟墓的国民健康服务。合作社经营舞厅、体育和社交俱乐部、送牛奶,除此之外,它还兼有如今零售、金融和殡葬行业的各种功能。

今天的合作社传播了凭良心零售的价值观,实际上这也一直是它们的核心。

"为什么要发明合作社?就是为了确保没有掺杂假货的商品能以合理的价格卖给公众。"约翰说。

很显然,鉴于英国食品杂货商在2013年接连发生的肉品丑闻,消费者对企业决策的密切关注日益加强,从而让企业在透明度方面保持了很高的价值,哪怕仅仅体现在重建信任方面。

他表示："130年过去了，商业利益驱动也带来了同样的问题——缺乏对客户的关注。"

约翰认为，让客户参与关键的供应链决策可以让生意做得更好，但也存在挑战。第一个挑战就是，如何将组织垂直整合成彻头彻尾的合作社？

"文具供应商、营销人员、印刷工、食品制造和加工商，所有这些行业都有合作社——虽然我们并不是总能用到它们，"他说，"我们打着合作社的幌子，但幕后比拼的仍然是谁的货品更便宜。"

考察进入这一领域的企业背景是必要的一步。组织从上到下遵循"成员至上"，以不断改进的道德面貌示人，意味着它不仅仅是在做表面功夫。人们很善于戳破表面的假象——尤其是在我们紧密联系的世界里，每个人都可以通过社交媒体发布他们了解到的东西。

如果你表面上宣称"成员至上"，但还是在使用血汗工厂的供应商，那就不要指望能长期逃脱惩罚。约翰说："自20世纪90年代以来，我们的企业碰巧采用了合作社模式，但并不是合作社企业，所以就没有与员工和供应商进行垂直整合。"

接下来的讨论可能是，要做到"成员至上"，你必须先处理好企业自身的问题。

当前，持有普通会员卡的合作社顾客很难意识到他们的所有权意味着什么。对许多人来说，甚至无法描述这与其他公司的会员卡有何不同。

"当拿到分红的时候就能知道——其实这种情况也是有史可查的。"约翰说。

"如果你全年都没有赎回或花费你股票账户中的分红——这实际上就是你在公司的持股比例。那不管股票账户里有多少钱，你都不会得到更多的话语权，因为一人只有一票投票权。尽管人们在企业中投入了资本，但可能从未意识到这是风险资本——他们将其看作一种储蓄，但实际上这是一个商业投资。由于风险资本和存款之间的灰色地带，合作社一直回避这一点。我们尚未进行更多的股权融资，因此，如果我们能让企业获得足够的成功，让人们觉得他们愿意投资，那么这仍是一个有巨大潜力的途径。"

约翰的想法与我们在第3章研究的众筹中提到的开放资本是一致的。他说："我看到完全可以利用众筹平台来开一家新店。"

约翰认为这样一个项目的成功将取决于社区现有的社会资本，这一点的潜力巨大。在黑尔斯沃思经过几个月的集中努力后，社区在规划新学校时就开始向合作社寻求支持和灵感。

"他们正在考虑建一所合作社学校，所以我们得到了合作社学校所涉及的各方的信任。另外，我们也正在资助改造一个社区中心。在较穷的社区就是这样，但很难涉足。在这一点上，真正的主人翁意识、真正的成员意识变得如此重要。"约翰说。

50%在ARCS购物的人是会员，就他们的消费而言，这一比例接近70%。

"我认为，在让他们觉得自己是企业的一分子方面，我们做得还不够——还需要在改变现状、能够推动事情、改进报价等方面有所完善。"他承认。

在黑尔斯沃思，这种做法开始产生效果。合作社收到的投诉减少了，利润增加了。约翰解释说，尽管有很多指标表明他们在做正确的事情，但还不足以对每一项行动都给出量化指标。他建议那些计划走"成员至上"路线的人，要做长远的可行性计划。"找一个地方，做一家企业，在社区中得到信任，这就是一种胜利。"约翰说。

通过收集成员意见来指导公司业务，目前这是相对临时和传统的，各个店里收集的意见信息被反馈到中心。约翰看到，新技术的出现使其得以扩展和加速。

首先要关注店里的商品——顾客想要看到的东西。

"社交媒体、现代的交流方式——它们为我们打开了这一切，但还有很多惰性仍需要克服。信不信由你，在传统的等级结构中，经理们会因为与客户的来往而感到威胁。"约翰说。

这是命令与控制的管理经验所遗留的一部分问题。在旧模式下成长起来的管理者因其决策和领导能力而受到奖励和认可。而在"成员至上"的模式中，我们要求他们分享决策权，以一种非命令的方式领导。

重要的是，ARCS已经停止了大部分的广播式广告，如给20万人散发传单，在报纸上做广告等，一切都已经停止。取而代之的是更集中的目标群体——特定的成员群体。

另一个需要改革的是商店经理的角色。实际上，补货和库存控制现在已经实现自动化，现在的情况是，商店经理变得更像是商店与社区关系的监督者，这是一种有着完全不同技能的管理者类型。

约翰在经历了他认为的两次失败的试验后得出了这一结论，即将其在业务中作为一个独立的功能来运营"成员参与"。

"当它像竖井一样运作时，就行不通了。'嘿，经理先生，你来管理你的商店，我们来管理你的会员。'"约翰解释说。在企业的各个层面上都有太多的正面交锋；相反，理念必须始终贯穿其中。如果组织遵循"成员至上"，那么找到成员参与的方式对组织里的每个人来说都是至关重要的。

最重要的是，它必须从与成员的主要接口开始，而这接口仍旧是商店。

这将意味着不仅要重新编写商店经理的职位描述，还要改写整个组织的所有职位描述。如果把"成员至上"作为首要原则，那就制定相应的员工衡量标准和奖励机制。成功的标准已经变了。

对于商店经理来说，约翰认为新的主要目标是："在你的社区内建立你的商店，与你的所有权人即成员接触，为他们创造在这个城镇工作的建议和体验。"

这与20世纪90年代所认为的正确想法背道而驰，当时的想法是集中采购、标准化，让每个商店提供相同的促销、价格和物品。

约翰说："然后你试着采取自动的区域化来变得聪明。但我认为自动化不能真正了解一个特定城镇或村庄的需求。我们不得不找到一种方式把权力放回到商店的经营者和顾客手中。"

从很多方面来说，这倒退回了20世纪80年代门店经理喜欢的自治权，但是，代替熟练的买家团队和经理人的直觉，通过各种方式来更快、更本地化地收集所需的数据，可能不需要重建本地化的成本，而是依靠成员提供。

今天，这意味着合作商店提供的商品和服务，要保证满足社区对质量的要求，同时也可以利用该交易成果使其经营所在的社区受益。

从根本上说，这是一个从中心向边缘的转变——这种转变似乎是互联网的转变。正如媒体的控制、生产和消费在很大程度上已经从大型集中式媒体组织中转移到个人手中，这样的民主化是否可以应用于寻求满足我们需求的公司？

而约翰和许多像他一样的CEO都很乐意让客户来参与对日常经营有直接影响的决策，例如："我们应该做什么来满足你的需求，在商店中应该有怎样的体验？"在其他方面，也能看到开放向客户主导的决策的优势。

"社会和环境影响是很好的例子：我们应该如何应对我们的碳足迹或道德购买？我们应该如何处理车队问题？我们的薪酬政策应该是怎样的，CEO和收银员的薪酬比例应该是多少？这些都是你希望成员有发言权的事情。现在你在董事会就有发言权，"约翰说，"这就会导致问题的出现。任何人都可以加入董事会，但这意味着你的决策机构可能没有足够的经验，并且可能会做出一个有悖于组织利益的议程。"

一些规模较大的合作社通过投资进入决策机构。他们还有本地和地区的委员会和子委员会供人们可以全程参与。

这意味着全体成员只能投票做低级别的决策。委员会和子委员会选择谁可以参与高级别的决策。

"这样对吗？它确保你的会议室不会陷入无政府状态。合作社在20世纪90年代几乎被淘汰，正是因为它们容易受到自身民主结构的影响。"

来自曼彻斯特的企业家兼极地探险家安迪·里根（Andy Regan）在1997年试图对合作社进行恶意收购。里根尝试的路线之一是让他的支持者涌入决策机构（这是一件极其混乱的事情，约翰不想在本书中旧事重提）。

为了我们的目的，里根的尝试揭示了在每一个决定上都要接受客户领导所存在的风险。

他对会员的提议是有效的："投票让我的人进入董事会，我们将进行股份化，你将获得1000英镑。"

这就向成员提出了价值问题。对于组织来说，"成员至上"的优势很明显——更完整的客户知识、更合适的产品和服务、创建倡导者、降低营销成本等，而这些对于客户又有多大的价值？

在20世纪90年代的英国，1000英镑是他们的定价。但让我们回到2013年的黑尔斯沃思。为了保护当地企业（不仅仅是合作社），社区一直抵制将竞争引入城镇，而且他们愿意为此付出高价。

这是一个郑重的承诺，而这只是在寻求数个项目扩展了社区中本地商店的角色。在让一家企业在教育子女方面扮演重要角色之前，你对它有多少信任？在向当地合作社寻求支持以获得建立合作中学计划的同时，黑尔斯沃思的居民已经证明他们的关系价值超过了英国20世纪90年代的1000英镑。

| The 10 Principles of Open Business |
| 商业新思维 |

随着约翰愿景的实现，更多的合作社遵循"成员至上"原则。那它们在未来几年对业务的所有权有多重视呢？

"对于商业决策来说，民主是有风险的，"约翰说，"但是新媒体、新渠道提供的很多机会，意味着人们可以有影响力而不是决策权。"

新技术还解决了规模问题，确保少数成员的意见对决策机构在制定决策方面能发挥一定作用。"互相理解和制衡影响力，以让彼此获得共鸣，这也帮助我们重构政策和所做的事，所有这些都有助于我们改善。"约翰说。

通过关注在线或离线的相关评论——我们消除了人们向我们倾诉想法的障碍。以前他们必须亲自到访或写信，现在他们可以通过发电子邮件或在我们的官方网站或社交媒体（Facebook、Twitter等）写评论来实现。更多时候，他们只是想互相倾诉。倾听那些关于企业而不是针对你的想法，比你和客户之间的直接谈话更加重要和更有价值（我们将在下一章中做进一步介绍）。

当然，了解客户需求的解决方案不必只停留于网上。在伦敦希思罗机场的5号航站楼，以及英国的其他地方，你会越来越多地找到一系列简单的红色、琥珀色或者绿色按钮，为你当天的体验打分。

维特罗斯超市在结账时会给你一个绿色的代币，鼓励你把它放入三个容器中的一个，以表达你支持维特罗斯超市下一次向当地的哪家慈善机构捐款。

在线活动可以扩大范围，但不应该被取代。做到这一点很简单。

约翰认为，一家企业要遵循"成员至上"原则，必须问自己一个关键问题，那就是"我能为客户做些什么"，但大多数上市公司要做到这点很困难——因为它们必须把股东的利益放在首位。

"你怎样才能不让股东失望，给予客户和在公司工作的人多一点权力？在合作社里，股东和成员是一体的。对于私人企业和小型企业来说，第一步比较容易，"约翰说，"要在内部做到民主，就从你的员工开始。"

10 成员至上/客户至上

目前，ARCS 的员工是自动注册成为会员的。他们可以选择退出，但只有 1% 的人选择退出。这意味着成员有份的，员工也有份。这也包括交流。

"我们也给员工分红。我们不想制造太多双重的东西，但如果你能让你的员工觉得他们是特殊的成员，从而成为企业的拥护者，那么我认为这是一个强有力的信息。"

约翰现在的目标是带着他的安格利亚区域合作社继续前进，并将其打造成 21 世纪合作社的典范——为其他更大型的合作社提供一个榜样。

他所做的这些，为任何有意让客户成为合作伙伴、希望遵循"成员至上或客户至上"的人提供很好的指导。

* * *

对大多数在纳斯达克上市、营收约 70 亿美元的公司来说，成为一家合作企业并不是真正的选择，而且在很大程度上也不在其议程上。但这并不意味着它们不能遵循客户至上。实际上，跨国汽车租赁公司安飞士·巴吉（Avis Budget）集团就是以"客户至上，服务至上"为座右铭的。

对于安飞士·巴吉集团欧洲、中东和非洲地区总裁拉里·德尚（Larry De Shon）来说，这意味着倾听并回应客户的需求，以帮助客户享受更好的生活。

在撰写本文时，拉里正在进行一项大规模的转型计划，以整合集团在欧洲、中东和非洲地区的 12 个国家的业务。这个每年花费数百万欧元的项目的核心战略就是让一线员工有更多时间与客户进行面对面交流。

那些让一线员工分心的事情会被剥离、重组或重新安置。例如，巴塞罗那的一个国际多元文化和多语言中心现在接受预订电话，并在租车期间提供客户支持。另一个在布达佩斯的客服中心处理预订后的客户服务问题和其他业务支持功能。数字营销业务则集中在英国的布拉克内尔——拉里的办公室所在地。

"真正的价值是与客户在一起，理解他们想从我们这里获得什么。我们希望我们的国家管理团队尽可能多地关注这一点,"拉里说,"对于那些想要充分利用数字技术的速度和便利的客户,公司必须对他们的需要做出回应。"

这使得安飞士·巴吉集团在欧洲、中东和非洲地区的网站都有了全新的版本,并于 2014 年上线。

"我们不想只是做一个更好的租车网站。我们正在努力建设一个顾客可以在上面快速得到他们所需的网站。"拉里说。

这是遵循"客户至上"的关键因素。一家不断提供你不需要的东西的公司,除了会被视作企图从你身上赚快钱外,再没有别的了。当一家公司认真听取了你的需求,然后尽其所能地提供最合适的解决方案时,你更有可能相信这家公司会把你的利益放在心上。

如果我告诉你我是一个人在出差,而你想把儿童座椅卖给我,我可能不会对你有好感。就欧洲、中东和非洲地区的新网站而言,这意味着要提前向客户提出问题,以确定客户的真实需求。然后,它将会提供价格透明的、所见即所得的租车服务方案。

社交媒体在该行业中找到了新的用途,在 2013 年雇用的九名新员工中,有八人专门负责处理来自巴塞罗那国际中心的客户需求。"我对社交媒体的整合策略非常满意。"拉里说。这个国际团队使用社交媒体提供的监控技术可以处理七种语言的客户需求。

这个团队的重点是直接销售——寻找那些表达对安飞士·巴吉服务有实时需求的人,并满足他们的需求。"我们有一个伟大的、充满激情的团队,看着他们投入到对话中,帮助客户需求,这真的很受鼓舞。"拉里说。这一概念让安飞士·巴吉集团的品牌在客户做出决定的那一刻就出现在他们脑海里。

该团队的在线监控意味着,它还可以在识别和加速客户服务问题方面提供支持。对于"客户至上"这一原则的践行,他们会分析从与客户的在线对话中收集的数据，以获得深刻的见解，并分发给业务部门，以便它们更接近客户的实时需求。

"我认为公司的这一部分会变得越来越强大，会对越来越多的人有用。"拉里说。

遵循"客户至上"还需要持续关注并更新客户的需求，这也导致了与客户的关系越来越密切。

拉里说，集团美国总部的战略客户关系领导部门的高级副总裁吉娜·布鲁佐西（Gina Bruzzichesi），负责评估公司在每个客户接触点上的沟通情况，并在这方面做了大量的工作。从2010年开始，她的角色本质上就是公司客户的代言人。

作为一名训练有素的专业律师，吉娜和她的团队经历了从租赁协议到保险理赔员提出索赔时给客户寄信的整个过程。他们重新编写了所有内容——尽可能地去掉缩写词和法律术语，并消除条款细则的阅读障碍，以使其对客户更加友好。他们通过在大量的案例中与客户携手共同解决棘手的问题，最终创建出整套能满足现实中可能出现的各种需求的应对方案。

但这只是安飞士·巴吉集团遵循"客户至上"所带来的重大文化变革的一部分。

像我们分享的许多例子一样，这也是一项源于2008年金融危机的议程。"当时（2008年11月21日）我们的股票跌到了38美分。"吉娜说，当时的价值仅为2013年夏天估值的百分之一。

"在许多人看来，那次难关会毁掉我们的公司，但是我们挺过来了。从好的方面来说，这次危机后我们的CEO和董事会主席罗恩·L.尼尔森（Ron L. Nelson）反思良多，并且认为这个行业恢复元气的时候也是我们改头换面的时候。"吉娜说。

汽车是商品，服务和体验是安飞士·巴吉集团可以发挥作用的地方。

吉娜说："我意识到，这不仅仅是要在这个行业中有辨识度，还要让这个品牌跨越行业限制，以提供出色的客户服务而闻名于世。"

如果你熟悉鞋类（和服装）零售商美捷步（Zappos）的故事，你就会发现相似之处。

"美捷步是一家客户服务公司，只是碰巧卖鞋而已。"美捷步公司CEO谢家华（Tony Hsieh）在他的第一本书《三双鞋》（*Deliver Happiness*）中写道。吉娜花时间在美捷步身上，以汲取灵感并不奇怪，因为这是她调研的50家最好的公司之一。

她还从调研中了解到，安飞士·巴吉集团应该允许客户优先考虑其投资。而成功的关键是企业文化。因此，她设计出了一份实施蓝图，重点关注以下三个核心方面。

- ❖ 了解你的客户：是什么让他们来，又是什么让他们离开？
- ❖ 为客户提供个性化的体验：不一定要完美，但一定要有量身定制的感觉。"尽管你需要技术和创新来满足客户的期望，但你也需要确保有一种情感联系，这种联系总是通过人与人之间的互动来实现的。"
- ❖ 员工的积极参与。

有了实施蓝图，在此期间的几年里，我们看到了一系列植入文化的计划和项目。我们从中看到了公司巨大的变化和进步。2013年，她在谈到安飞士·巴吉集团时表示："人们对自己为之工作的公司和品牌感到自豪，他们对来这里工作感到很开心，工作很投入，表现出他们的主动性。"

支持客户体验的一个非常重要的方式是授权给每一位员工。他们现在都被准许解决客户问题。这意味着每个人都在为客户服务。你让客户的生活变得更便利的时候，就更容易实现"客户至上"。现在，每位员工都可以得到一个客户服务解决方案工具包。这意味着，作为一名员工，不管你是负责为顾客泊车还是站柜台，你都有权通过一系列选择来解决客户服务问题——从道歉开始，然后以某种方式进行补偿。

"它正在起作用。我们有破纪录的（2012年）员工调查评分和'客户之声'（Voice of the Customer）评分。"吉娜说。

"客户之声"评分（基于快速跟进客户最新体验）在每个高级团队会议上都被提上日程，每一个业务人员现在都很熟悉它及其重要性——这就是对客户的关注。

"我们表现最出色的是企业文化。我们的下一个重点必须是更好地了解我们的客户，并能够以最佳的方式使得客户体验变得个性化。"她说。

吉娜现在也很想了解的是，到目前为止在"客户至上"所做的投资以及未来潜在的投资对忠诚度（及因此而产生的客户终身价值）的影响。

"客户至上"计划定于2014年在整个欧洲、中东和非洲地区范围内重新启动，而欧洲、中东和非洲地区总裁拉里·德尚也愿意通过社交媒体的开放迭代，扩大美国总部发起的协同创新的范围。

拉里说，去倾听客户谈论他们在你所提供的服务的体验，能为你带来巨大的收益。

在早期版本的"客户之声"报告中，机场租赁站经理收到的邮件（对租后邮件回访的回复）会延迟90天，当邮件到达经理的收件箱时，投诉的客户通常已经放弃了，认为安飞士·巴吉集团反应迟钝而将其账号注销。亡羊补牢，为时晚矣。

拉里说，如今，管理人员可以得到实时报告和一套工具，用以衡量他们针对投诉或其他问题所做的改变的有效性。

在美国，管理者们可以通过一个分享最佳实践的论坛互相联系。因此，当他们对得到的实时反馈意见束手无策时，可以从同事那里得到大量的支持，从而制订出有效的行动计划。

事实证明，这种方法对忠诚度有着强大的推动力：那些有着特别关心事项的客户通常都会期望经理们给他们打电话沟通。

拉里说，尽管最初会有些担心，但经理们往往会因为这样做而从客户那里得到积极的反馈，顾客们也感觉与品牌的联系重新建立起来了。

将社交媒体监控数据添加到他们已经收集的电子邮件中，在适当的时候跟进，以便让经理们从客户的角度更全面地了解他们的表现，并有机会扩大客户的忠诚度。

企业越遵循"客户至上"的原则，就越能满足客户的需求，进而与客户建立亲密关系，并进一步加强客户的忠诚度。

无论你运营的是哪种业务或组织，你都有余地开始改变你与客户的关系，从你对他们做事转变为你和他们共事。

目标状态 / 错误示范

你给你的企业打多少分（5 分制）

目标状态（得分：5 分）

100% 的关键决策（在法律约束范围内）都是由那些负责与合作伙伴——客户（成员）和 / 或组织的广泛支持者合作执行的人做出的。

错误示范（得分：1 分）

所有关键决策都是在董事会层面做出的，并由负责执行这些决策的人承担责任。股东和客户只有在能够从他们身上获得什么的情况下才会被考虑。

10 成员至上/客户至上

第一步……

如果当下阶段,你对你的企业评分很低,那么不妨从以下几方面入手去改善。

- ❶ 列出合作伙伴应该如何被对待。这与你如何看待你的客户有多大关系?

- ❷ 测试内部的民主——与你的员工一起尝试简单的投票机制,评估对他们重要的问题的意见。例如,今年的圣诞晚会在哪里举行?员工餐厅的菜单上应该有什么?最后,向他们反馈意见和结果。

- ❸ 在这些初步测试的基础上,定义你愿意在哪些领域让员工进一步实施民主领导并进行测试。发现在组织中实施这一切的限制,并考虑什么样的保障和控制是有利于实施的。

The 10 Principles of Open Business
Building Success in Today's Open Economy

11 | 信任

定义

共同保证对伙伴关系的品质、能力、力量或真实性的信赖。

| 商业新思维 |

开放式商业思维的其他9项原则一起被激活，并整合到第10项原则中。信任远超越开放式商业那些微不足道的成果产出。没有信任，就没有任何价值的关系。没有关系，就没有组织，没有顾客，没有信念者，没有拥护者，也就没有未来。

谷歌执行主席埃里克·施密特在2009年宾夕法尼亚大学毕业典礼上演讲时甚至说过："在网络世界上，信任是最重要的货币。"

每位政治家、每位报社编辑、每位CEO、每位品牌经理，我们每个人都知道这是必要的。它将消费者与品牌、家庭、组织和社会联系在一起。这是一种非常人性化的特质，它给予了我们一种进化上的优势，其最简单的定义是："如果你能帮我的忙，我就帮你。"

来自神经科学证据【例如，保罗·扎克（Paul Zak）在《科学美国人》（*Scientific American*）发表的《信任的神经生物学》（*The Neurobiology of Trust*）一文】表明，当我们信任他人和被他人信任时，我们的大脑会分泌类似"感觉良好"的化学物质来奖赏我们，但其背后的大脑运行机制极其复杂。能够信任我们的邻居，才使我们能够创造文明。人类的进化需要信任。与人密切合作需要信任。作为开放式商业的典范，伙伴关系也需要信任。

当信任减少时，我们就可能会陷入危机。在第1章中，我们看到了乐购公司是如何将自己的信任问题确定为其助力的平台——它是推动企业转向开放经营的

11 信任

催化剂。

今天的许多组织正是在这场危机中找到了自己的位置。信任,无论用什么标准来衡量,都已经从中心转向边缘,即从对政府、媒体、公司的信任,转向对彼此的信任、我们对彼此说的话,以及我们自己的关系。我们对政府、机构和品牌的信任要比我们对神经科学的信任少得多,因为我们觉得对它们的信任没有得到回报。我们信任它们,却得到一次又一次的教训,它们没有回报我们的信任。

在一个联系日益紧密、人人随时随地都能发表看法的世界里,透明度成了一种默认值。我们通过更多的互联工具能够发现更多的、人们不想让我们知道的东西,并与更多的人分享它,而且比以往任何时候都更迅速【顺便说一下,媒体在全球泄密方面做得很好,其在2013年爱德曼信任度调查(Edelman's Trust Barometer)指标中,它的分值一直在上升】。

社交媒体一方面揭示了这一点,另一方面又加速了这一点。它以前所未有的方式向我们展示了世界的互联性。它使我们能够在几乎没有成本和时间的情况下进行自组织,从而加快了这一进程。它消除了许多组织的摩擦,降低了让事情发生的交易成本。

在社交媒体出现之前,人们需要花时间和资源创造一个空间来邀请人们加入,找到他们,把他们聚集在一起,并提出他们的解决方案来满足共同的需求。这就是我们所说的"生产资料",它正是中心模式所具有的。

今天,每个人都可以访问同一个组织的基础设施。例如,在2011年夏季伦敦骚乱之后,人们拿着扫把走上街头,进行大规模清洁。并没有权威机构下达命令,人们是通过Twitter标签自发组织的,由那些重视它的人自发组织起来的。如果权威机构要求人们这样做的话,反应可能会弱得多。自组织培育了人们的自决定意识。

根据爱德曼信任度调查(该公司目前已经涵盖了20多个市场的3万多名受

访者）的年度数据，显示"免费媒体"比 10 年前的广告更可信。2005 年，信任度调查开始从"权威"（中心）向"同行"（彼此）转移。到 2009 年，由于对企业的信任崩溃，爱德曼公司呼吁企业与政府合作以重建商业。到 2012 年，调查发现人们对政府的信任度也在下降。

2013 年报告涵盖的大多数行业都出现了小幅回升——我们认为，这更可能是回光返照的表现，而非复苏的萌芽。

在复苏更加强劲和持续的地方，你会发现那些已经改变了信任观念的公司：从一个经济的（交易的可靠性为王）转变为一个更人性化的（由开放式企业提供的）商业需求。

对于一家开放的企业来说，信任是对另一方诚实、公平或仁慈的信念的一种衡量。建立这种互惠的信任，你的合作伙伴更有可能原谅你的失败；如果他们相信你在尽力为他们做最好的事情，并且在事情出错的时候保持诚实，他们就会放你一马。

这提供了与利益相关者更灵活和更有意义的关系；建立品牌资产，从而实现股东价值；在混乱的市场中提供直通渠道（选择你信任的品牌作为决策的捷径）；与客户、合作伙伴和员工建立一种非常人性化的情感联系，从而降低了获取和保留的成本。

我们不能封闭式地去建立这种信任，而是要像葛瑞伦敦（Grey London）广告公司一样走开放式道路来实现。如果没有信任，你就无法从根本上重塑你做生意的方式——把责任推给那些传统上被视为等级最底层的人。葛瑞伦敦广告公司的开放思维将信任建立在员工之上，并将信任传递给客户。这两类利益相关者都加入了这种新兴文化，以至于自该项目于 2008 年启动以来，业绩一直在逐季增长。

该公司 CEO 克里斯·赫斯特（Chris Hirst）表示，在开始创业之旅之前，公司一直在苦苦挣扎。是的，这是另一个成熟企业需要经历危机才能获得开放回报

11 信任

的故事（提示：你应该不可能等待危机发生）。

克里斯说："当我们找到剩下的为数不多的会议室之一，录制我们的采访时，这基本上就是按部就班。"公司想要茁壮成长就必须做出改变。

"我们设定一个非常明确的界限、创建一个经典的助燃平台，然后我们制订一个经典的阶梯式管理变革计划，这根本上就是有意为之的。"克里斯说。

其目的并不是要成为一家开放的企业，而是成为一家其他创新企业希望成为的开放企业，当寻找最好的答案来满足它们周围世界的需求时，它们最终会选择开放。

我们开始探寻企业文化应该是什么样的，探寻要想在21世纪成为一家真正世界级的创新企业，其企业文化应该是什么样的。通过逐步演化，我们开始管这种文化叫作"开放"。

今天，当你到达他们位于伦敦哈顿花园的办公室时，你会看到"开放"和"长期"的粗体字："开放"代表文化，"长期"代表创意的影响力。

随着时间的推移，克里斯意识到葛瑞伦敦广告公司的文化曾经是（现在也是）他的策略。"如果我必须定义一件事，那就是文化，我们的文化就是开放，"他说道，"开放的发展涵盖了一切，因为我们都是这座大楼里的人，所以我们本身就是我们文化的一部分。可以说，我们最重要的资产不是人，而是文化。我们的人也将来了又走，走了又来（铁打的营盘流水的兵）。"

在旅程中，团队必须开始描述这个"创新业务的关键词参考"可能是什么样子。他们在这些关键词后面放了一些数字并将它印出来，贴在前台的墙上，野心、雄心壮志都被大张旗鼓地提了出来。

克里斯承认："我们抓住了一些东西，也错失了一些东西，但当它们到来时，它聚焦于人们的思想，从而使人们对它进行评论。"

广告公司会这样做让来访者感到惊讶，因为一旦你公开设定目标，你就有可能公开失败。那也是"开放"的一部分，这就是要诚实、敏感、脆弱并且愿意承担为此带来的后果。

葛瑞伦敦广告公司表示，到 2012 年，它们希望成为年度最佳广告经纪公司。人们都笑了。不错，它们是没有达到最高点，但它们在那一年获得第三名的时候，也的确让苹果公司感到很不安。

克里斯认为，以人为本的企业（至少是那些能给你带来额外收入的企业）只不过是那些有着员工的冷冰冰的写字楼。"这意味着我们的竞争对手也同样如此。我提醒自己，为什么他们的 200 人比我们的 200 人做得好那么多？有什么不同？"

有些不同之处是有形的——所有制结构、历史、传统、客户基础。但是，短期之内克里斯什么都无法改变，唯一可以改变的是文化。

他说，首先需要了解和相信这场巨变是可实现的。卡洛斯·戈恩（Carlos Ghosn）在 21 世纪初对尼桑的力挽狂澜给了克里斯很大启示。一家万人级企业的巨大改变是可以在短期内达成的。

"一定要对可能的改变充满雄心壮志——不要妥协成渐进式变革。一定要有充分的信心。"克里斯谈到。

人们认为文化是无形的，可后续再进行调整。克里斯反而认为文化更牢不可破，更切实存在。

"要改变或者维持企业文化，你必须真正地做点什么。这是人们会犯错误的地方。他们将价值观列在一个幻灯片上就认为工作完成了，"克里斯说，"可以首先从描述我们认为理想的工作环境来着手改变……"这意味着罗列出一系列新的行为。

克里斯警告，广告公司里的创意总监们凭借着森严的职场阶级坐在角落里的办公室对下属们颐指气使，广告公司的工作环境也可以十分保守。

11　信任

"相对于其他职场人士而言,他们是勤奋向上、收入丰厚、受过体面教育的人群。我们当时做的就是开始建立一个新的组织框架,基本颠覆了之前所有的流程和审批环节。我们将所有优秀的人才按照非常传统的金字塔等级划分岗位职责。创意总监的审批签字就是职场阶级森严的最终体现,从而打造了依赖型的企业文化。"

克里斯将金字塔翻转过来,将重点放在与客户面对面交流的一线工作人员身上。他说:"我们想要改变我们和客户的关系,就将他们放在我们工作的核心上。我们意识到,如果我们想要改善和客户的关系,我们需要从改变我们刚建立的关系上努力。"

它们开始清除一切阻止一线员工表现自己的障碍。现在,葛瑞伦敦广告公司没有固定的代理流程。创意总监没有审批签字权。团队都是根据客户的问题全新组建的(而不是像传统的模式——将客户的问题塞进一个现有的团队)。葛瑞伦敦广告公司没有设立个人办公室(少数几个带门的房间是会议室),也没有按照部门给员工安排工位。

克里斯说:"开放式的美妙在于它简单易懂(尽管本质很复杂)。"

他们采取的措施(比如去办公室化、去流程化)就是开放式商业思维的行为体现。

"我们在推出新规定之前做过测试,调研过大家的看法。我们几乎和公司的每一位员工都做了焦点小组访谈,并且很多员工都在实施方案、语言、开放式商业思维的定义等方面提供了帮助。"克里斯说。

"这不是我的文化,这是我们的文化——每一个人必须认识到他们是其中的一分子,"他说道,"我们并没有编造这一切。在一定程度上,我们全心全意并且对此很坚持。"

克里斯很喜欢引用美国总统罗纳德·里根的名言:"英语中最恐怖的九个字

是'我是政府派来帮你的'。"

这句名言提醒克里斯，开放式商业模式成功的关键在于不设防——意思是你必须相信你的员工。如果你要重建信任，那么最佳的办法就是从此处着手。

自开放式文化项目启动以来，员工敬业度和客户满意度评分都得到了极大的提高，这证明信任在逐步建立。其他的指标也表明，信任有助于攻克难关，取得良好的成绩。在新业务中，很多客户在对自己的收益没有成形的概念时就签字同意，可见信任扮演了特别的角色。

"我们赢得了大量的新业务。我们经营着高端业务，从现有的客户群体中有机地开发了至少同样多的新客户，实现了总客户基数的增长。我们所有新营业收入的增长差不多等于增量营业收入的增长，并且整体规模将在2010年的基础上翻一番。"克里斯说道。

在这次变革之前，公司的发展呈下滑趋势。

"不得不说，信任的提升有一定的原因，因为我们的现有客户较以前更愿意给我们更多的项目，业内介绍客户资源的咨询顾问和代理人为我们服务也更开心了。"克里斯说道。

葛瑞伦敦广告公司通过采取开放式商业思维所取得的成绩是依靠将人才和客户团结在一起的凝聚力。这股凝聚力很有信服力。继续按照开放式的商业思维行事会让客户对葛瑞伦敦广告公司产生信任感。每一个与企业文化相符的行为都会加强企业内外部的信任感。

还可以做点什么呢？

克里斯认为，他还没有足够好到可以将它"付诸文字"。他有很多版本，但是希望可以继续努力，提出更多有分量的版本——通过行为来证实。

在扁平化管理中，企业的信任要求人们行使权力，很多人要接受这点很困难（可能太困难了）。很多人可能更习惯于指令与管控结构，很难让自己去适应这一点。克里斯承认,在这方面需要做的工作还很多。

新的就职流程将帮助大家走出这个困境。一些员工可能需要学会相信自己,并且相信公司会支持他们,而不会因为初期的错误惩罚他们。

克里斯说:"目前在这个阶段,我们能得到一半评分就可以了——因为开放式理念能够给予大家更多有益的改变。"

尽管分数平平,克里斯对目前的进展还是很满意的。葛瑞伦敦广告公司是全球最大的广告传播集团之一 WPP 旗下的公司,需要受到你能想象到的所有高级别和复杂的企业管理条条框框的约束。葛瑞伦敦广告公司并不是一家无所拘束的创业公司。

"出于对压抑创意的恐惧,广告公司通常抱怨这种变革。而开放性让人感到有意思的是,我们追求变革的渴望与那些所谓的'企业条条框框'之间几乎没有冲突,"克里斯说,"我们在一个非常传统的商业环境中进行了'开放性'变革。我们一点没有松懈——变革后的每个季度我们都达标了,并且实现连续 18 个季度的增长。自 2008 年以来,世界上很少有企业能够宣称自己有这样的成绩。"

今天的初创企业对开放性均持赞同观点,他补充道:"开放性是现在的巨头能够和创业公司竞争的方式。"

但是,从来没有人说开放式经营很简单。

克里斯警示说:"很少有事情是不可能实现的,但是实现每件事都十分艰难。为了实现目标,你必须让自己准备好在'非常艰难'和'不可能'的夹缝中求生。"

"当你意识到了这一点,你才会放松。因为你不会再觉得自己是个彻头彻尾的废物,"克里斯说,"在这个夹缝中求生,你需要什么呢? 毅力、精力、勇气、意志力、想象力和厚脸皮。"

克里斯说,要传递的信息是"你能够取得成功——但是不要把它想得太简单,也不要因为每一步都很艰难而觉得很挫败"。

选择一个时机开始。如果你真的准备变革，问问自己，你准备做点什么让周一和周五不同？

* * *

"要得到信任，你必须相信他人心怀你的利益——品牌或者公司都是如此，个人也是如此。"伊凡·帕尔默（Ivan Palmer）主张道。伊凡·帕尔默在市场营销创意总监（在英国第一家全线广告营销公司Joshua）的岗位上有着30年的经验。2005年，他创立了英国最早的社交营销公司之一 The Social Partners。伊凡·帕尔默从他的工作经历中吸取了很多信任方面的教训。

在互联网之前的商业环境中，品牌可以依赖一个独特的销售主张，围绕这个主张做市场营销，并且创造信任感。伊凡说，这个销售主张也是产品在客户心中的定位，能持续5～10年，有的时候甚至更长。

互联网时代意味着很容易将山寨的销售主张或者产品快速打入市场。创新的优势会受到削弱，这意味着品牌重塑的周期需要加快，缩短到6～12个月。

他说："显而易见，建立品牌信任感是你需要持续赢得的战争，永远不能停下来。"

在过去的商业模式中，你上次的行为就是你给客户留下的印象。品牌信任关系是非常私人的。价值观的承诺和建设是基于大众来创造的，而真实的感受却发生在个人身上，属于私人的感受。

伊凡说："这就是价值观的体现。在那个节点，我要么接受那些价值观，使价值观得到巩固，从而加强我对这个品牌的信任。要么品牌没有兑现它宣传的承诺，从而失去我的信任。"

现在客户真实的感受从个人感受，转变成社交网络圈朋友的感受。

伊凡说，结果就是品牌营销现在真正需要的是关系营销。过去，它是创造形象、价值观和资产净值，这些都是可以控制的。

11 信任

"我能够打造品牌的价值观和个性:这个品牌将如何定位?信念是什么?承诺什么?目的是什么?通过品牌的信息、包装和消费者所接触到的其他一切,将这些传递出去。有意思的是现在我仍然能做这一切,但是客户最初的真实感受(或者是谷歌宣称的零时真相)可能是其他人的感受。因此,要建立信任感,客户的体验现在变得越来越重要,并且能够回馈比我们想要传递的信息和承诺更好的价值观。"伊凡评论道。

伊凡说,以英国百货零售商约翰-路易斯为例,不像很多公司只会在广告上投资,它在客户好感、提升客户体验和打造客户为中心的服务口碑上投入了很多。这一切给它带来了红利。2013年,约翰-路易斯的利润是4.15亿英镑(与整个行业的惨淡相比,上涨了13.8%),员工分红2.1亿英镑。

"很多品牌还没有认识到,尽管你可以不停地做出承诺,但是0.01%的糟糕体验会比与品牌承诺相符的99.99%的体验产生更大的影响。因为这暴露出来的0.01%的糟糕体验摧毁了信任。"他补充道。

伊凡的研究揭露了信任感和购物行为之间的"清晰因果关系":相信品牌的人愿意支付43%的溢价,他们对品牌的忠诚度更高,并且会愿意购买更多的品牌产品和服务。

WPP广告集团公司和the Futures Company咨询公司进行的全球调研发现,其调研的22个国家最受信任的品牌的购买率高出7倍,消费者形成紧密关联的可能性高出10倍。

2012年的爱德曼信任度调查报告结果显示,如果一家公司缺失信任,人们更倾向于相信这家公司的负面新闻,结果会导致人们更少购买这家公司的产品。

建立信任感需要进行一场对于很多公司来说优先顺序的变革。这意味着要将客户的利益置于利润(因此可以直接认为是股东的利益)之上。利润应该是一个结果,是完成首要目标的KPI(满足客户的需求)。

伊凡在客户关系管理上的经验证实：94%的初期客户关系管理项目在第二或第三年均以失败告终，因为它们的初衷是："我们如何才能和消费者关系中攫取更多的价值？"而成功的6%项目探索的问题是："我们如何才能为消费者创造更多的价值。"

"这就是信任的核心——你相信有人在为你的利益努力。"他说。

同时，他认为这对品牌提出了挑战。他说："广告让你不快乐——它展现的是你没有得到的东西、你没有过上的生活。美国梦是美国噩梦。"

在信任感的场景下，我们认为对这个问题可以诠释为它没有代表客户的最佳利益。

伊凡说："品牌需要找到它们与客户之间的共同目的，以突破它们之间的关系。"

伊凡认为，广播让形象理想化，但并不是合适的解决方案。他补充道："如果一个人总是管理他们的形象，那我不知道我是否还可以相信他们。我认为，'这是他们想留给我的印象'，所以我不太相信那类人。"

伊凡接着说，品牌必须从大众关系中脱离出来，重新朝着一对一的关系定位。只有这样，个人才会认为品牌是为他服务的，客户的利益是品牌的核心目标。

它们如何才能做到呢？

用伊凡的话来说，它们必须变得更加精心呵护，更加无所不能，更加多元化，更加女性化。

"大多数传统品牌都十分男性化，"伊凡说，"它们告诉你们如何过你的日子。这是男性化的行为。'英国电信：聊天真好'就是告诉你该怎么生活。"

"越来越多的品牌都在关心——这是女性化的行为：你今天想去哪儿？我能为你做什么？你想创造什么？这些都是赋能的问题。品牌少了支配的色彩，多了呵护与支持的色彩，帮助你成长——扮演了女性化的角色。"伊凡说。

11 信任

伊凡对品牌的建议是将用户的需求和利益置于行动的核心。它们必须通过行为来证明这一点，而不是告诉用户，他们心中装着用户的利益。它们必须让客户满意自己的每次体验，进而能赢得每个客户的信任。它们也需要正确地评估这些体验的成效。

已故的科学家、卡内基梅隆大学教授兰迪·波许（Randy Pausch）在他的《最后一次演讲》【兰迪·波许与杰弗里·札斯洛（Jeffrey Zaslow）合著《最后的演讲》了一书】中讲述了一个故事。

当他12岁时，他的父母奖励他和他的姐姐，带他们去迪士尼乐园游玩。在迪士尼乐园，他们想要向妈妈和爸爸表达他们的感激，于是从迪士尼礼品商店挑选了陶瓷盐罐和胡椒罐送给父母。当兰迪兴冲冲地跑回父母身边，激动地给父母看他们挑选的礼物时，失手摔碎了瓷罐。一位路过的大人建议他们返回礼品商店。年幼的兰迪没有抱有太大希望，拿着摔碎的瓷罐给迪士尼员工看，让他印象深刻的是，这位员工居然说："对不起。是我没有包装好。"换一套新的瓷罐只花费了一两美元。兰迪估算，那个贴心的瞬间让他和他的家庭之后在迪士尼品牌上陆续花费了10万美元。

更难得的是，他在生命的最后阶段还在对全世界不断念叨着这个故事。就此，这个故事发挥了重大的影响力。在社交媒体时代，我们的零时真相是其他人的感受的时代，一个故事的影响是巨大的，因为它直击心灵深处。

"也许一个星期只有五个人听到这个故事。但是随着时间的推移，故事被一遍一遍地重述。个人故事的价值堪比名人背书，远超过浮夸的广告，因为信任感的建立并不是在你的言语里，而是在你的行为里。"伊凡认为。

信任感，似乎无法从广告传播中获得。大品牌必须跳出广告传播的视角思考："如果我一个星期能够创造100个故事，那么它比我一个星期花费100万美元宣传我们做什么和不做什么的广告所创造的价值更高。"

"这就是为什么，无论品牌方是否认识到，品牌现在正处于关系营销的时代，"伊凡说，"新模式的根基是信念和行为的亲近，是我们真实的行动，而不是我们传递的信息。而核心是让人们开心。"

目标状态 / 错误示范

你给你的企业打多少分（5 分制）

目标状态（得分：5 分）

利益相关方、合作伙伴 - 客户（成员）、员工在 360 度调研中对你的企业使命和目标百分百地信任。超过 90% 的新业务来自客户推荐。

错误示范（得分：1 分）

信任评分低于 10%。超过 90% 的新业务来自营销投入。

第一步……

如果当下阶段，你对你的企业在信任度方面的评分很低，那么不妨从以下几方面入手去改善。

1. 长期的答案：变成开放式企业。紧闭沟通的大门是不可能树立起信任的。重温原则一，并且将所有的原则坚持贯彻下去。

2. 短期的答案：开始启动关系营销策略。初期目标是每个星期打造 10 个迪士尼盐罐和胡椒罐的故事。

3. 你现在在"创造利益"方面的投资是什么？将这个与你对信任感价值的评分做对比，并相应调整策略。

| 后 记 |

开放式商业模式可能是未来、显然也是现在最好的商业模式。世界上最聪明的企业大多都在践行开放式商业思维的原则。

大型传统企业比如英国乐购、IBM、美国福陆公司、安飞士·巴吉集团、葛瑞伦敦广告公司和英国合作社都通过践行开放式商业思维的 10 项原则来解决全球问题，或者是通过部分改造来适应 21 世纪的发展。

最成功的传奇公司——谷歌、亚马逊、苹果——都是根植于开放式商业思维上的。

规模更小但是发展迅速的公司，比如 blur 集团、giffgaff、GrowVC 集团、Fairphone、Paperight、NearDesk 都将开放式商业思维作为首选——21 世纪商业的本质要求。

不管你是经营一家规模庞大的上市公司还是一家初创企业，遵循开放式商业思维的原则都会给你带来优势，都可以从先行者身上吸取经验。

谷歌前 CEO 埃里克·施密特曾经说过："在一切互联的世界里，信任是最重要的货币。"这句话太正确了——你是在一个互联网的世界里生活和工作。

开放性的作用在于将所有利益相关方以互相信任的方式凝聚在一起。

通过共同的信念（目的）、共担的风险（开放资本）、共有的客户和目的（联通性)、共享的知识和协作活动(共享性和联通性)、共同的想法和奖励(开放式创新)或者共用的智慧和机遇(共享数据),这些原则将所有利益相关方紧密地联系在一起,朝着共同的目标努力:企业和员工、品牌、客户、社区、投资方和我们共同拥有的世界。

透明度教会我们管理和拥有归属感,成员至上/客户至上为我们指明方向(将我们的利益相关方变成我们的合作伙伴)。

信任由开放性原则产生,也是将我们聚集在一起的力量。

信任是这个互联网时代最重要的流通货币。

开放自己,去追求成功吧!

下一步……

表 S-1　　十项原则和执行每个原则的第一步

原则	第一步
1. 拥有共同的目的 阐明和传递公司存在的意义	1.1 询问关键决策者和公司的老员工,他们认为公司的目的是什么。如果答案一致,那么前往 1.4。如果不一致,那么前往第 1.2 点 1.2 调研公司员工特别相信公司的哪方面?有什么不同之处?为什么他们选择了这个方面 1.3 检查员工共同信念中与企业需求不一致的部分 1.4 列出工作中与公司目的一致的方面和与不一致的方面 1.5 叫停与公司目的不一致的工作。多做与公司目的一致的工作
2. 开放资本 通过众筹平台或者微资本投资,分担成本和风险,从而共享所有权与激情	2.1 组织一场内部创意交流会,参与者使用游戏币来支持他们最喜欢的创意 2.2 在你喜欢的平台测试最后胜出的创意,如果通过预售项目产品能众筹一半的资金,那么你承诺提供另一半资金 2.3 思考你如何在企业外部为未来项目寻找股权融资

续前表

原则	第一步
3. 网络化组织 关注核心竞争力，同时启动和支持公司内外部互利互惠的活动	3.1 找到核心竞争力 3.2 询问你的员工在做什么核心竞争力之外的事情 3.3 你可以支持你公司之外的人来达到相同的结果吗 3.4 识别可以帮助你实现变革的人，并且制定时间表
4. 共享性 将知识以更简单和公开的模式来实现内、外部共享	4.1 了解已经在用自己的工具和设备进行分享的员工是如何做的且为什么要这样做 4.2 思考你适用什么类别的知识共享平台许可协议 4.3 确认并奖励分享知识的员工 4.4 识别通过提高共享性达成的商业利益的价值 4.5 分配预算给计划实现的商业利益；为团队灵活性调配资源 4.6 根据联通性制订计划
5. 联通性 启发公司员工探索他们需要什么，什么时候需要	5.1 树立一个典范。通过社交媒体，以可见的方式与你需要的人和信息联结 5.2 审查现在所使用的的协作工具和流程 5.3 设定协作工具和流程的最佳操作方式，为协作创建社交平台 5.4 将这个社交平台替换现有的活动，而非作为补充
6. 开放式创新 将客户和利益相关方引入创新流程，共享创新的风险和回报	6.1 举办内部黑客日，进行开放式创新 6.2 从中学习如何向更开放的创新流程转型，寻求外部支持 6.3 思考如何通过目的或者回报创造驱动力
7. 开放数据 向可以发挥数据价值的内外部人群开放数据	7.1 识别现有数据 7.2 评估哪些数据对你而言价值很低 7.3 公布这些数据 7.4 思考是否成为开放数据研究所的企业会员
8. 透明度 公开决策，坦诚对待决策标准	8.1 为你的所作所为树立自豪感。否则，其中会有问题。先修复这个问题 8.2 通过给予员工决策授权，提高透明度 8.3 坦诚回复询问商业信息的请求

续前表

原则	第一步
9. 成员至上/客户至上 与客户和员工一起努力，而不是和他们对立。努力以真正的合作伙伴相待	9.1 列出合作伙伴期望如何被对待。你对待客户的方式是否有悖于此 9.2 测试员工的民主精神。报告反馈意见和结果 9.3 建立更多员工民主领导力的板块。探讨其局限性，并且思考运用合适的保障和管控机制
10. 信任 通过坚持不懈的行动赢得信任	10.1 长远答案：成为一家开放式企业。大门紧闭，无法建立信任。重回第 2 章，着手努力 10.2 短期答案：开始启动关系营销策略，初期目标是每个星期打造 10 个类似"迪士尼盐罐和胡椒罐"的故事 10.3 回顾你在"创造利益"方面的投资。将这个与你对信任感价值的评分做对比，并且相应调整策略

继续对话，分享旅程

很显然，作为一本图书，本书从本质上就是一段广播独白，但是它也可以是开始互联网交互分享的对话启动者。

值得注意的是，很多观点需要随着你经历的挑战和阅历适时调整。

此刻，我希望你认同这是一段值得开始的旅程。

The 10 Principles of Open Business: Building Success in Today's Open Economy by David Cushman & Jamie Burke

ISBN: 978-1-137-34703-9

Copyright © David Cushman & Jamie Burke 2014.

First published in English by Palgrave Macmillan, a division of Macmillan Publishers limited under the title The 10 Principles of Open Business: Building Success in Today's Open Economy by David Cushman & Jamie Burke.

This edition has been translated and published under licence from Palgrave Macmillan.

The author has asserted his right to be identified as the author of his work.

No part of this publication may be reproduced, stored in a retrieval system or transmitted in any form or by any means, electronic, mechanical, photocopying, recording or othewise without the prior permission of the publisher.

Simplified Chinese version © 2020 by China Renmin University Press.

All rights reserved.

本书中文简体字版由Palgrave Macmillan授权中国人民大学出版社在中国大陆出版发行。未经出版者书面许可，不得以任何形式复制或抄袭或节录本书中的任何部分。

版权所有，侵权必究。

北京阅想时代文化发展有限责任公司为中国人民大学出版社有限公司下属的商业新知事业部，致力于经管类优秀出版物（外版书为主）的策划及出版，主要涉及经济管理、金融、投资理财、心理学、成功励志、生活等出版领域，下设"阅想·商业""阅想·财富""阅想·新知""阅想·心理""阅想·生活"以及"阅想·人文"等多条产品线。致力于为国内商业人士提供涵盖先进、前沿的管理理念和思想的专业类图书和趋势类图书，同时也为满足商业人士的内心诉求，打造一系列提倡心理和生活健康的心理学图书和生活管理类图书。

《世界的未来：中国模式对全球新格局的重塑》

- 国际律师、发展经济学家、喜马拉雅共识的创始人、探险家和纪录片导演、央视2008年"影响促进中国改革开放十大人物"唯一入选外国人龙安志，从东西方视角客观评价中国经济的发展道路与模式。
- 作为世界各国摸索自我发展道路的成功典范，中国发展模式将继续引领中国步入新时代，助力中华民族的伟大复兴，并为世界繁荣发展贡献中国智慧。
- 几十年来，中国经济发展的成绩令世界惊艳，其独特的经济发展模式更是引人深思，作者由此引出了新的经济发展全球共识。这一共识蓬勃发展，涉及融合经济学、慈悲资本、利益相关者价值以及良心消费。

《这才是经济学的思维方式：看穿被谬误掩盖的经济学真相（第2版）》

- 斯坦福大学高级研究员、美国当代自由主义经济学大师经典之作。
- 用经济学思维的正确方式，将看似合理的经济事件去伪存真，看穿社会经济运行的本质。
- 美国当代自由主义经济学大师托马斯·索维尔，将教你学会用正确的经济学思维方式，去看穿被谬误掩盖的经济学真相，以及经济运行中看似合理的各类问题，以看清各类政治经济政策的本质。

《世界金融简史：关于金融市场的繁荣、恐慌与进程》

- 回顾整个金融市场的历史进程，似乎总是蹒跚着从一个危机走向另一个危机。
- 站在历史的角度来看金融市场，对今天身处动荡年代的投资者和交易者来说至关重要。
- 作者对自1600年以来的金融市场行为以及相关的金融事件做了一次深刻全面的剖析。

《创新变现：以价格为核心的产品设计策略》

- 国际知名定价与变现专家手把手教你设计变现的九条黄金法则。
- 告诉你产品应如何定价客户才愿意买单，如何设计产品才能真正变现。
- 作者马德哈万·拉马努詹和乔治·塔克根据其服务的西蒙顾和管理咨询公司在全球超过 10 000 个项目的实践经验，结合对优步、保时捷、领英、德尔格和施华洛世奇等全球最具创新力公司的案例分析，提出了设计变现的九条黄金法则。

《商业模式设计新生代：如何设计一门好生意》

- 原班团队倾力打造，《商业模式新生代》最新升级版。
- 全球 50 位精英创业家、战略设计师和思想领袖手把手教你设计出一门持续赚钱的好生意。
- 是一部实用的综合指导大全，囊括了各种新工具、技能和思维，助力你掌握不确定性中的模糊性并创造价值。

《商业模式创新设计大全：90% 的成功企业都在用的 55 种商业模式》

- 深入研究 50 年来最具革命性的商业模式创新案例。
- 详尽解读世界上最赚钱的 55 种商业模式。
- 帮助你打破一切常规，对现有商业模式进行重组和创造性模仿。
- 为创造新的商业模式酝酿灵感利器，找到适合你的企业的商业模式。

《管理的完美处方：向世界顶级医疗机构学习领导力》

- 《星巴克体验》的作者全新力作。
- 医疗机构、服务行业以及管理界人士必读。
- 世界顶级医疗机构追求零缺陷的领导力和管理智慧。
- 破解医疗企业管理困局，引领医疗管理深度变革。
- 开启以患者为本的医患关系新时代。

《互联网+技术融合风暴：构建平台协同战略与商业敏捷性》

- 打造互联网+平台的五大核心技术——云计算、社交媒体、移动终端、视频以及大数据。
- 一场"技术融合的完美风暴"注定会掀起互联网+时代企业升级换代的新高潮。
- 技术的完美风暴——云计算、社交媒体、移动、视频和大数据融合的共同作用决定着互联网时代，企业对内和对外协作制定什么样的目标、任务和战略。内部协调职能资源，外部则发挥有着可兼容性核心竞争力的贸易合作伙伴的能力。这五项技术发展融合起来，正在成为改变现代商业的引擎。

《实体店逆袭：零售业的 AI 转型之道》

- 介绍了日本先进的 AI 应用技术，以参加零售 AI 研究会的各大企业为中心，多角度地阐释了零售 AI 的运作模式。
- 书中着眼于零售业、制造业、批发业等诸环节，以实际状况为出发点，解释 AI 技术是如何解决各种问题的。

《隐秘的商机：如何预测和整合未来趋势》

- 《华尔街日报》畅销书；2015 年亚马逊商业类、营销类以及创业类畅销书排名第一；世界知名的市场营销博客博主最新力作。
- 介绍了如何以一个趋势整合者的思维，从周围生活中随处可见的观点或问题中去发现、整合并利用未来趋势和商机，更重要的是，本书还为你提供了如何应用这些趋势发现商机的实用建议，以整合之道解读未来商业，可以帮助你为迎接更好的未来做好准备。

《凿开公司间的隔栅：共享时代的联合办公》

- 本书作者是地产界的翘楚毛大庆，他创立优客工场。
- 随着科技和生活方式的改变，促使工作及创业正经历着工业革命以来前所未有的转型，适合创业者、自雇人群和新生代职场人工作需求的新型工作场所——联合办公空间在世界各国粲然崛起。